# 科学的「お金」と「幸運」の引き寄せ方

小森圭太
Komori Keita

PHP

# はじめに

この本を手に取っていただきありがとうございます。

そんなあなたにいきなり質問ですが、「はー、もっとお金があればな〜」なんて考えたことはありますか？

一度や二度、いやいや、数え切れないほどあるのではないでしょうか？

実際、私もそうでした。

ところで、なぜあなたは「はー、もっとお金があればな〜」なんて考えてしまうのでしょう？

実際にお金が足りず困っているから？

お金の蓄えが十分ではないので、不安だから？

お金がもっとあったほうが幸せだと思っているから？

理由はいろいろあると思いますが、いずれにしても共通しているのは「今、お金が不足している」という意識です。前提として「不足している」と意識しているので、「もっと欲しい」と考えるわけですよね。

ただ、残念なことを申し上げると、「はー、もっとお金があればな〜」なんて考えている限り、お金はますます不足していきます。なぜそうなるかは、量子力学で確認されている物理現象と脳の仕組みが関係するのですが、それについては本文で詳しく述べていきます。

いずれにしても、あなたが今意識していることが、ますます拡大していくのです。それが物足りなさであっても、豊かさであっても、あなたが今意識していることに合わせてそのような現実が現れ続けるのです。

私は「量子論」と「脳科学」をベースにした引き寄せ理論を、セッションや講座、ブログを通じて提供しています。

私のところには、引き寄せの法則について初めて学ぶという方はもちろん、「実践してみたら、なぜかわからないけど、うまくいった！」

「自分のこれまでの成功体験を思い返すと、確かに引き寄せの法則でいわれていることとが当てはまっている」

という、すでに引き寄せの法則についてご存知で、その効果を実感されている方も「なぜそうなるのか、その原理を知りたい」ということで、多くいらっしゃいます。

そうした方に「量子論」や「脳科学」をベースにした理論をお話しすると、ありがたいことに「小森さんの説明が一番わかりやすいし、納得できる」と言っていただいています。

私自身が理屈っぽい性格なので、「原理を知りたい！」という人の氣持ちがよくわかりますし、会社に勤めていた時は広報や広告の仕事を担当していたので、難しい技術や理論を誰にでもわかるように伝えることが得意、ということも役立っているのかもしれません。

理論をお伝えする中で目にするのが、私の話を聞いて引き寄せについて納得感を深めて、それを実践された方に、すごいことが起きているという事実です。

引き寄せが加速し、人生に劇的な変化が起きているのです。多くの方から、その後自分に起こった、驚くような変化についてのご報告をいただいています。

私の「お金」と「幸運」の引き寄せ理論は、もともと私自身が納得できるように、科学的な視点から「引き寄せ」を考えて、試行錯誤を繰り返して実践してきたものです。

本書では特に、講座やセッションを通じて、この理論を多くの方に提供し、変化を目の当たりにすることで、その効果を確信したものを中心にまとめています。また、あなたが本来の自分に目覚め、より望ましい状態を引き寄せるために具体的に取り組んでいただきたいことについても紹介しています。

本書は、これまでブログで紹介してきた記事をもとに加筆・修正を加えて、1冊にまとめたものです。書籍化に当たり新しい話も取り入れて、よりご理解を深めていただけるように構成を工夫しています。

私は以前、大きな会社に勤めており、ある程度の収入を得ていましたが、独立したことで年収0円という極端な下げ幅を経験しました。その後も、しばらく苦しい生活が続いたのですが、本書で紹介する内容を実践することで、今では会社員時代の年収をはるかに超えています。また会社員時代には想像もできなかった、自由かつワクワクして楽しいことだけをやる生活が実現できています。

本書でお伝えすることは物理法則なので、私には作用するけれど、あなたには作用しない、というものではありません。実際に幸せな成功者とお金持ちは、同様のことを実践しています。誰でも実践さえすれば必ずそうなるのです。

あとは、あなたがそれをやるか、やらないか、という選択だけ。

この本に書かれていることを素直に実践いただければ、あなたはさらに豊かで、幸せな人生を生きられるようになると確信しています。

小森圭太

科学的
「お金」と「幸運」の
引き寄せ方

# CONTENTS

Contents

## 脳科学でわかる！　引き寄せの法則

第2章

# 「幸せ」について知っておきたい三つのこと

無意識に「幸せ」を遠ざけている!?

# 第3章 潜在意識を書きかえる法

潜在意識を書きかえて、引き寄せを加速させる！

## 潜在意識が豊かさを感じている状態に書きかえる

## 感情的に満足している状態を作るために大切なこと



## 潜在意識の書きかえを妨げる三つの思考

第4章

# 幸せなお金持ちが実践していること

お金持ちがこっそりやっている習慣とは？

■装丁　池上幸一
■イラスト　こもりみゆき
■本文デザイン・ＤＴＰ・図版作成　桜井勝志

# 第1章

# 「引き寄せ」は科学的に説明できる

# 不思議で面白い量子の世界

この本は量子力学と脳科学の観点から、さらにお金の回りを良くし、より豊かさを享受するためにはどうすればよいか、また、より幸せを実現するためにはどうすればよいかを解説する内容となっています。

ですので、まずはどうしても量子力学の基礎的なことと、脳の仕組み、そして、それらと意識、現象の関係について学んでいただく必要が出てきます。

それが、この本の土台になりますからね。

第2章以降でも、必要に応じて量子力学の話をしていきますが、前提として、ぜひ知っておいていただきたいことを最初にお話ししようと思います。

量子力学と脳科学なんて書くと、「うわー、なんだかとても難しそう」なんて感じてしまうかもしれませんが、ご安心ください。

物理や科学の知識がまったくない人でも普通に読める内容にしてあります。数式とか元素記号なんて全然出てきませんし、バリバリの文系の人でも抵抗なく読めるように工夫してあります。現に私のブログの読者は、そういう人が多いですから。

量子力学と脳科学を説明する章の内容は一部前著『科学的 潜在意識の書きかえ方』（光文社）と重なる部分もありますが、この本の内容に合わせて加筆、書きかえさせていただいています。

ですので、前著を読まれた方は復習のつもりで読まれてもいいかもしれませんし、新たな学びもあるはずです。

いずれにしても、こういう内容は何回か読んだほうがより理解が深まります。

では、早速ですが、この世の大元でありながらとても不可解な性質を持つ量子の話から、まずは進めていきたいと思います。

# 量子論でわかる！引き寄せの法則

018

## 全ては量子でできている

「光の三原色」という言葉を聞いたことがあると思います。

例えば、テレビ画面は3色の色の粒が混ざり合うことで、映像を画面に映しています。

同じように、我々の肉体も、身近にある様々な物質も、小さな粒の集まりです。人体の70パーセントを占める水分も分解すると左のようになります。

水 → 分子 → 原子 → 原子核・電子 → 陽子・中性子 → 素粒子 → ヒモ
（仮説）

タンパク質、脂質といった水分以外の人体の構成要素でも同じことがいえます。

この本で重要なポイントとなる量子論（量子力学）という物理学は、物質をこれ以上分解できないというところまで分解した粒である素粒子、この超ミクロの世界の現象を扱っています。

ちなみに、量子というのは原子核以下のミクロ領域の総称です。

この量子の世界では、現代科学でも解明できない不思議な現象が確認されています。

## 量子世界の謎の現象

不思議な現象の一つが「量子は波であり、粒でもある」という現象。

「波＝非物質」「粒＝物質」とイメージすると、わかりやすいかもしれません。

**量子には「物質」の時と、「非物質」の時がある、ということが確認されています。**

もう少しいうと、人の意識が介在している時は物質化し、人が意識していない時は非物質化しているのです。


「だるまさんがころんだ」という遊びがありますよね。

この遊びにたとえると、わかりやすいかもしれません。

あなたが「だるまさんが〜」と言って、壁側を向いて他の人を見ていない時には、他の人は「非物質」の状態です。

一方で、「転んだ!!」と振り返って、他の人を見ている時には「物質化」していま す。

にわかには信じられないかもしれませんが、量子の世界では、この現象が確認されているのです。

これは「観測問題」と物理学の世界では呼ばれています。

量子を観測している時には「物質」なのに、観測していない時は「非物質」になっている、それはわかっているのですが、なぜそうなるのか、現時点ではわかっていません。

そういうわけで「問題」と呼ばれているのです。

## 022 実在している？ それとも実在していない？

この現象をふまえると、そもそも量子というのは、人間による観測、つまり意識が介入しない状態では実在していないということです。

「観測の有無によらず対象は存在する」と考えるのが古典物理学の世界での常識です（これを「実在性」と呼びます）。**量子力学の世界では、これを「非実在性」と呼びます。**

量子力学が注目され始めた当初、この「非実在性」という考え方に多くの物理学者が異を唱えます。

20世紀を代表する天才物理学者であるアインシュタイン博士もその一人です。

「月は誰も見ていない時、存在しないのか？」というような発言で、量子力学を認めませんでした。

でも、量子という超ミクロで確認されていた「非実在性」という現象は、その後、実証実験の技術が進むにつれて、より大きな物質でも確認されるようになってきています。

ウィーン大学の量子物理学者であるアントン・ツァイリンガー博士の実験では、フラーレンという分子を使った実験でも波の性質が見られる実験結果が出ています。

当然ですが、分子は原子が集まってできているので、素粒子よりはるかに大きな物質です。

また、ＮＴＴ（日本電信電話株式会社）と米国イリノイ大学の共同実験でも、マクロ世界における「非実在性」の状態が確認されています。

つまり、現実的な話として、**私たちの住むこの世界は「意識なしでは実在しない」**ということが確認されているのです。

突拍子もない話に聞こえて、すぐには納得できないかもしれません。

というか、そもそも我々が普段生活していて体感できることではないので、イメージすらできないと思います。

量子力学の研究者でさえも完全に理解することは難しい、と感じているので、あまり深く考えずに「そういうもの」という程度に思って、読み進めていただければ十分です。

## そもそも「意識」ってなんだろう?

この「非実在性」を考えると、「意識」というエネルギーが量子の状態を確定しているといえます。

この宇宙に存在するものは物質かエネルギーのどちらかです。そうすると必然的に、物質でない意識はエネルギーになります。

そして、ここで大事なポイントとして知っておいていただきたいのは、**「思考=意**

識」ではないということ。

昔は「意識とは脳内の電氣信号である」と考えられていました。

「思考＝意識」であると考えるお医者さんが多く、また思考は脳内の電氣信号だからです。

ところが、量子力学的に考えると「意識がないということは、そもそも脳がない」となります。

「意識は肉体的な死とは別物である上、脳が意識を生み出しているわけではない」という意味のことを再生医療の専門家ロバート・ランザ博士は述べています。

当たり前ですが、脳も量子でできています。その量子は人間の意識が介入しないと物質化しません。そうなると、意識とは、「思考とは別の何か」ということになります。とはいえ、これは、まだ科学で完全に解明はされていません。

ただ、確かなこととして**「何を常に思考しているかが、あなたの意識の向け先に影響を与えている」**ということだけはいえます。

例えば、「何かツイてないなー」と思考している時は、必ず「ツイてない自分」を感じる場面やできごとに意識が向いています。

そういう意味においては「思考している内容＝意識していること」といえるかもしれません。

でも「意識がそちらに向くから思考が起きる」ともいえます。

ツイてないと感じることに意識が向くので、その結果「ツイてないなー」と思考することにもなるはずなのです。

頭の中でつぶやいている言葉である「思考」と「意識」が向いていることには、相関関係が見られます。

## 量子の「時間」と「位置」を決めるのは意識

科学的にいうと、意識は「バイオフォトン」という光子（素粒子の一種）です。「バイオフォトン」は、人間の身体全体から発せられていると考えられています。光子は光の元です。だから、光が身体全体から発せられているというわけです。

そうすると、**このバイオフォトンという意識エネルギーが、周りにある量子に照射されることで、周りにある量子の「時間」と「位置」が決まります。**

これが、量子が「波（エネルギー）」の状態から、「粒（物質）」になるということ。「粒（物質）」になるということは、自動的に時間と位置が決まるということです。

例えば「今（時間）」「どこか（位置）」に必ず、あなたという「肉体（物質）」はいますよね？

肉体も物質（物理的にいえば）なので、位置と時間が決まるわけです。

一方で、素粒子の位置は、人間の意識というバイオフォトン（光子）を照射される前は確率でしか表せません。

およそこのあたり、という感じです。

意識をした時に、この空間のどこかに現れるということは決定しています。

そして、**現れた時に「位置」と「時間」が確定するのです。**

それを式に表したのが、量子力学の「波動関数」です。

## この世の仕組みは確率!?

量子力学の基礎方程式である「シュレディンガー方程式」の解が波動関数です。

そのことを説明し出すと、かなりややこしくなるので省きます。

ここでは簡単にイメージだけお伝えしましょう。

波動関数における、量子が現れる確率は必ず「1」です。

ここでいう「1」は、「どこかに現れることは確定している」という意味での「1」です。

ただ、前でも述べたように、量子の現れる「位置」と「時間」は意識というフォトン照射によって確定します。あなたが何を意識しているか、それによって量子の現れる位置と時間が決まるということです。

あなたが常に意識を向けていることの確率が限りなく「1」に偏《かたよ》る――つまり、現実化する――**量子の位置と時間が、あなたが常に意識していることに、偏在することになるのです。**

どうでしょう？　わからないですよね（笑）

例えば、あなたが常に「幸せ」を意識していれば、あなた自身の脳を含め肉体、周りの空氣（空氣も量子です）、車や建物といった様々な物質、犬、鳥といった動物、花壇の花といった植物……、これらを構成している量子が、「幸せ」の位置と時間に集まり続けます。

これを波動関数で表現すると、こんな感じです。

波動関数において、量子が現れる確率は必ず「1」。

一方で、「1」を細かくすると、「1」は「0・1」、「0・05」、「0・0002」という、さらに細かな数字の集合体です。

では、あなたの1日のうちの1時間という時間の中での意識分布を考えてみましょう。

1時間の中で、あなたが「幸せ」を意識している割合が95％だとしましょう。そうなると、量子が現れる確率「1」に占める「幸せの意識」の割合は「0・95」。

これを1時間という時間の中の比率で表せば、60分×0・95＝57分です。

すると、**幸せ以外を意識している時間は相対的に減ります**。

例えば、幸せ意識が57分に対し、不安が12秒、悲しみが30秒、迷いが1分などとなるはずです。

つまり、限りなく「幸せ」に偏って、量子が現れる「位置」と「時間」が確定するということです。

すると当たり前ですが、「幸せ」を感じられる現実が確定し続けます。

というわけで、何を言いたいかというと、**あなたの目の前に展開している現実は、あなたの意識分布の傾向を表していて、その傾向は、さらにそのまま続く確率となり、結果、さらにそれが現実になる可能性が高まる**、ということです。

「この世の仕組み（自然の本質）は確率である」とする、このような考え方を量子力学で「コペンハーゲン解釈」といいます。

## 常に意識で選択している

実は、量子力学にはコペンハーゲン解釈の他にもう一つ有力な解釈があり、それが「多世界解釈」と呼ばれるものです。

一般的には「パラレルワールド」という言葉で、ＳＦなどにもよく取り上げられるネタだったりします。でも量子力学においては単なるＳＦではなく、この世の本質（仕組み）を説明する有力な説の一つです。

これは、**この世界は何万、あるいは何億通りの世界が同時並行的に存在しており、その世界の一つを常に意識で選択している**、という考え方です。

テレビを例にするとわかりやすいかもしれません。

あなたが4チャンネルのテレビを観ようとした場合、チャンネルを4に合わせますよね。その時、あなたのテレビのアンテナからは4チャンネルの周波数が発信されています。一方で、東京タワーやスカイツリーのような電波塔からも4チャンネルの周波数が発せられています。

あなたのテレビから発せられている4チャンネルの周波数と、電波塔から発せられている4チャンネルの周波数が共振し、その結果あなたのテレビの画面に4チャンネルの映像が映ります。

ざっというと、これと同じ仕組みです。

あなたのテレビの画面には4チャンネルが映っていますが、実際には4チャンネル以外の電波も多数存在していますよね。

**同様にこの世界にも、同時並行的に、いくつもの別チャンネルという世界が存在しているわけです。**

また、テレビの場合、あなたが4チャンネルの周波数を選択していると、他のチャンネルを観ることはできません。

世界も同じです。

いってみたら、多世界解釈はテレビの3次元版ということになります。

あなたの意識がある意味でチャンネル、あるいは周波数であり、そのチャンネル（周波数）に合わせて現実という3次元空間が目の前に展開している。そして、テレビと同様、そのチャンネルを選択した時点で他のチャンネルは観られないわけです。

実際、意識とバイオフォトン（光子）が連動しているのであれば、光子も素粒子ですので当然、波の性質を持っています。

波なのでこれも当然周波数があり、あなたの意識に合わせて光子の周波数も変わる。そして、**その周波数に合わせて展開する現実も変わる、と考えることもできます。**

# 034

# この世は本当に多世界かもしれない

アインシュタインは量子力学の祖の一人でありながら、後年は量子力学を批判していました。量子力学の何が氣に入らなかったのかというと、「この世の仕組み（自然の本質）は確率なんだ」とするコペンハーゲン解釈が氣に入らなかったのです。

多世界解釈はアインシュタインが亡くなった後に発表されたのですが、もし彼が生前にこの発表を聞いていたら、量子力学への見方が変わっていたかもしれません。現に宇宙物理学の世界でも、現在は多元宇宙論が有力な説の一つとなっており、宇宙は並行していくつも存在するとしています。

なので、最近では宇宙をユニバース（ユニは単体という意味）と呼ばずに、マルチバースなどと呼ぶようになっています。

そして当然ながら、量子力学の多世界解釈と多元宇宙論は親和性があるわけです。

**私たちは、意識により、常にいくつも存在する宇宙（世界）の中から、一つの宇宙を選択しているのかもしれません。**

## いずれにしても「今」の意識が大事

では、この世の仕組みは「確率」なのか、それとも「選択」なのか？

正直まだ答えは出ていません。これは理論物理学者の間でも意見が分かれるところですから。ただ、どちらの場合にしても、結局は意識が関係している、ということになります。

なぜなら、どちらの場合にしても、人間の意識が介在する前の量子は「波（エネルギー）」の状態であり、人間の意識が介在することで初めて「粒（物質）」となるわけですから。

つまりそれは、確率だったものが確定することであり、いくつもの世界という選択肢から一つの世界が選ばれた、ということです。

**いずれにしても、カギを握るのは意識です。**

この世の仕組みが「確率」であれば、今の意識状態がすでに「豊か」であるなら、ますます現実がそのようになる確率が上がる、ということ。

この世の仕組みが「選択」であれば、今の意識状態がすでに「豊か」であるなら、豊かな意識状態の世界を選択した、ということ。

どちらにしても、**あなたの「今」の意識状態が、あなたの目の前の現実を作っています。**

ただ実際問題、多くの人が「意識が現実化している」という自覚を持てないでいます。

〈不運〉

〈幸運〉

なぜかというと、**意識といってもそのほとんどが無意識（潜在意識）だからです。**

## この世は「意識ありき」が数学的に証明されている

「意識のほとんどが無意識だとしても、意識が現実を作っているなんて信じられない！」と感じるのも無理はないと思います。人間がいようがいまいが、リンゴは木から落ちるし、地球は太陽の周りを回っている、と考えるほうがある意味普通です。

でも最先端の物理学、つまり量子力学的に判断すると、どうもそうではなく、人間の意識がなければ、そもそも宇宙がない、となってしまうんです（ぶっちゃけ、こっちのほうが「人間がいなかった恐竜時代は？」「地球の誕生は？」など、いろいろな疑問が出てきますよね）。

実は人間の肉体を含め、この世に存在する物資の元となっている量子の世界は、人間の意識が介在することで、初めて物質化するということを数学的に証明した人がいます。それが驚異的な頭脳で知られる数学者、フォン・ノイマン博士です。ノイマン博士は、人類史上最も頭がいい人物の一人と目されていた人です。

ある意味人間離れした頭脳の持ち主で、話している時もほとんどまばたきをしないことから、「本当に人間なのか？　宇宙人では？」と疑われた逸話もあるほどの人物。実際、本当に宇宙人だったかもしれませんが……。

ま、それはさておき。

現代社会に欠かすことができないコンピュータも、彼がその原型を作ったことで有名です。

そのノイマン博士は量子力学にも関係しており、「量子力学の数学的基礎」という論文を書いています。

そしてその論文の中で、**何が「波」の状態の素粒子を「粒」の状態に収束させているのかについては、「自我である」**と数学的に結論づけているのです。

ちなみに、量子力学の中で、波（エネルギー）の状態だった素粒子（量子）が粒

(物質)になる現象を「波束の収束(収縮)」といいます。要するに、「波」というエネルギー状態だった素粒子が収縮して「粒」になるということですね。

つまりノイマン博士は、**素粒子を「粒」の状態にしているのは人間の意識である、**と言い切ってしまっているのです。

# 040 無意識(潜在意識)が現実を作っている

さて、意識をどこに向けるかで思考の傾向が決まり、さらにそれが現実となる可能性が高まります。つまり、**あなたの世界を作っているのは、「ほぼ無意識(潜在意識)」**ということです。

人間の1日の思考回数は約6万回といわれていますが、その9割以上は無意識。意識が現実化しているという物理法則を自覚できないのは、だからです。

例えば、あまり自覚していなくても、「は~、私はお金に縁がないな一」なんて思考が無意識の思考パターンで、常に起きていたとします。

これを波動関数から導かれる「コペンハーゲン解釈」で考えるとどうなるでしょう?

あなたの身体を含めた周りの量子は「お金がない」という状態に位置と時間を確定し続け、それを実現することになります。

そうするとさらに「お金がない」という現実を意識し続けるようになるので、さらにそうなる確率も上がっていきます。

逆にいえば、無意識にでも「いやー、私は豊かで恵まれているなー」なんて思考が常に巡っている場合は、逆の現実が起き続け、さらにそうなる確率も上がります。

つまり、今ここで「豊かで恵まれている」ということを意識している――すなわち**無意識が豊かさを選択していれば、それに合わせて、量子の「時間」と「位置」も「豊かで恵まれている」というように確定していくのです。**

# 今そうだと、ますますそうなる原理

**昔の人は、経験的にこの法則を知っていたのではないかと思います。**

というのも、諺《ことわざ》や昔からの教えには「今そうだから、さらにそうなる」といってるものが多数ありますよね？

例えば、

「富めるものはますます富む」

「笑う門には福来る」

「泣きっ面に蜂」

「人を呪わば穴二つ」

などなどです。

これまでなんとなくそうなる、といわれてきたことが、物理学の研究が進んだことによって物理現象として説明できるようになってきているのです。

あなたの意識というフォトン（エネルギー）を受けて、周りの量子は、あなたの意識に呼応します。それによって、あなたの周りの現実が固まります。

あなたの周りにある空間、物質、人間、そして自分自身の肉体、全て量子の集合体です。その全てが、あなたの意識で確定させている量子でできています。

ですから、**その量子でできているあなたの環境という3次元空間の大きさ、向き、景色、登場人物、雰囲氣、それらは全て自分でコントロールできます。**

ただ、コントロールするのは難しい。なぜなら、すでに述べたように、周りの量子を確定するあなたの意識の大半は無意識（潜在意識）だからです。

つまり、本当に望ましい状態を引き寄せるためのカギは、無意識（潜在意識）のコントロールなのです。

# 脳科学でわかる！
# 引き寄せの法則

## 044

## 脳の機能と仕組み1　脳は意識したものしか見ていない!?

望ましい状態を引き寄せるためには無意識（潜在意識）のコントロールが重要です。

そのために押さえておきたいのが、脳の機能と仕組みについて。

**特に重要なのが、脳幹《のうかん》網様体《もうようたい》賦《ふ》活系《かつけい》という部位です。**

これは、脳内でフィルターのような役割をしている器官で、「ＲＡＳ（Reticular Activating System)」とも呼ばれます。

具体的にどんな機能かというと、いろいろな意味で、**あなたが意識していること（モノ）だけを見る、聞く、**というものです。

脳幹網様体賦活系によって、私たちは意識していないものは、たとえ目や耳に入っていたとしても、実際は見ていないし、聞いていません。

もし、あなたが「全て見ているし、聞いている」と思っていたとしても、実際は「意識した部分だけ見て、聞いている」のです。

例えば、あなたがよく行く場所があれば、その場所を想像してみてください。近くのスーパーマーケットにしましょう。

では、そのスーパーマーケットの床の色と柄を思い出してください。

どうでしょう、よく目にしているはずなのに、なかなか思い出せないのではありませんか？

すぐに答えられる人も、ごく稀《まれ》にいらっしゃいます。でも、**大半の人はまず思い出せません。**

「確か、こんな感じだったかな〜」なんて思い出してみても、いざ確認してみると、まったく違うということがほとんどです。

これが脳幹網様体賦活系の機能です。

## 見ているのは、目ではなく脳

せっかくなので「見る」メカニズムについて、ちょっと説明しましょう。

まず、レンズである目が光を捉えます。

次に、目が捉えた光を目の奥にある網膜が感知し、電氣信号に変換します。

その電氣信号は、脳の視覚野に伝達されて、脳の視覚野が受け取った電氣信号をイメージに変換。

この時点で初めて「見えた」となります。

簡単に説明しましたが、これが「見る」メカニズムで、**実際に見ているのは目ではなく脳です**。

より正確にいうと、脳内で変換されたイメージを見ています。

というわけで、あなたが眠っている時に見る夢も、ボーっとしながらの想像も、実際に目の前の何かを見ているのも、全てが脳内のイメージです。

「この目でしっかり見て確認する」と言う人がいますよね。

でも、説明したように目はレンズでしかないので、脳幹網様体賦活系というフィルターがそれをキャッチしないと見てはいないのです。

「実際に見ているのは脳」と言われても、それこそ自覚できることではないので、これもそういうもの、ということだけ知っておいてもらえたら大丈夫です。

# 意識していることで現実は変わる⁉

このように、我々は意識したものしか見ていません。

もっと正確にいえば、意識したものだけを脳内でイメージに変換し、それを見ています。

つまり、どういうことかというと、現実は一人ひとり違うということです。

**今、あなたの目の前で展開されている現実は、あなたが何を意識しているかで、変わるのです。**

例えば、あなたが街を歩いていて、ふとショーウインドウに飾ってあった素敵なバッグが目に留まります。

「うわー！　素敵だな～、でもボーナス出るまで買えないや」なんて思って、引き続き街を歩いていると、「あれ、あのバッグ持っている人、結構たくさんいるな～」なんて氣づいたりします。

そうすると、その瞬間からあなたの現実は、「あのバッグを持っている人はたくさんいる」という現実に変わります。これはなんとなく、わかりますよね？　おそらく、似たような経験をしたことがあるはずです。

## 万人に同じ現実はない!?

物理学者や脳科学者は「万人に同じ現実はない、ただ解釈があるだけ」と言います。**意識した時点で量子（素粒子）の状態が確定→意識しているので、脳が認識する範囲も決まる→その範囲をどう解釈するかでその人の現実が決定。**

量子論や脳科学をベースに引き寄せの法則を考えると、こうなります。

先ほどの例でいうと、「あのバッグを持っている人は多い」というあなたの現実は、「バッグ」を意識し、それを「多い」と解釈することによって決まっています。

つまり、あなたの現実とは、あなたが意識していることを、どう解釈しているかなんです。

## 脳の機能と仕組み2 環境や相手があなたの鏡になる

隣にいた見知らぬ人があくびをしたら、なぜか自分もあくびをしてしまった。こんな経験、きっとあなたにもあるはずです。

また、大笑いしている人を見ていたらなぜか笑ってしまったり、怒っている人を見ていたらなぜか自分も不機嫌になってしまった、なんてこともあるはず。自分には関係ないはずなのに、なぜか同じような表情、氣分、感情になってしまう。このような、「あくびがうつる」という原理。

諸説あるのですが、一つ有力な説としてあるのが「無意思的模倣」とか「無意図的模倣」と呼ばれる現象で、別名「カメレオン効果」とも呼ばれています。

簡単にいえば、**無意識のうちに他人の行動を真似てしまうという現象です**。

実は、人は無意識のうちに他人の行動をコピーするという傾向があります。脳内には「ミラーニューロン」と呼ばれる特殊な神経細胞があり、他人のアクションを見た時に、自動的に自分も同様のアクションを起こそうとします。

これはある意味で、子どもの頃からの学習パターンの名残なんです。子どもの頃は、最初はなんでも真似て学びますよね。何しろ、「まなび」の語源は「まねび」らしいですから。その反応が自動的に、いまだに起こっているということです。

そして実は、この「無意識に真似る」という行為は、行動だけではないんです。**表情、姿勢、もっといえば、雰囲気まで自動的に真似してしまうのです。**

私の講座では、この自動反応を逆手《さかて》にとって、「相手の状態を良くしてしまう」という技術を教えたりしています。

まー、それは置いといて。いずれにしても、「あなたの目の前の人の機嫌が悪くて嫌だ」というのなら、もしかしたら、そもそもあなたの機嫌が悪いからかもしれません。相手は、そういうあなたの姿勢、表情、雰囲気などを微妙に感じ取り、その通りにミラーニューロンが反応している、ということもあり得るからです。

相手は、あなたのことを無意識に真似ている可能性があるんです。



## 不機嫌の連鎖に注意せよ

もちろん、この逆パターンもありますよ。

つまり、あなたのミラーニューロンも自動的に相手の状態をコピーしている可能性だってあるんです。**相手の姿勢、表情、雰囲氣（状態）に知らず知らずに合わせている、ということです。**

不機嫌な人の状態に無意識に合わせていると、それこそ無意識に不機嫌になってしまいます。そして、あなたの不機嫌は他の人のミラーニューロンにも影響します。自動的に周りの人も不機嫌になる、ということです。そして、周りの人の表情に合わせて、あなたもさらに不機嫌になる。

まさに不機嫌になる状態を引き寄せ続けているという状態……。そう、不機嫌の連鎖です。

そうならないためには、ミラーニューロンの自動反応をストップさせることが大事です。つまり、相手の態度、表情、雰囲氣に、無意識の自動反応的に合わせない、ということ。

これも無意識の意識化であり、**意識すればコントロールすることが可能になります**。表情や態度、雰囲氣を、あなたが本来望んでいる状態にコントロールすることが大事です。

脳の機能と仕組み3

## 脳は「想像と現実」「現在と過去」「自分と他人」の区別ができない

ちょっと想像してみてください。

黄色いレモンを包丁で半分に切りました。切ったと同時にレモンの酸っぱい香りが周りに立ちこめます。その半分に切ったレモンを自分の口元に持っていき、ギューっと絞る——なんて書きながら唾が出てきちゃいます。

実際にレモンがそこにあるわけでもないのに、それを想像しただけで唾が出てくる理由。

簡単にいえば、**脳は想像と現実を区別していないからです**。

つまり、脳は「実際にレモンを口元で絞っている」と認識しているので唾が出てしまうわけです。

これと同様、**脳には時間の認識がありません**。これももっと簡単にいえば、脳は過去、現在、未来の区別がつかないのです。

例えば、過去の楽しかったできごとを思い浮かべると、なんだか心がほっこりしたり、表情が緩んだりしませんか。

これも脳が「今それが起きている」と認識するために、そのような身体の状態に「今ここ」でなるわけです。

さらにいえば、脳には主語という概念がありません。つまり、脳は本来他人と自分の区別がつかないんです。

名門ハーバード大学の脳神経科学者であるジル・ボルト・テイラー博士は、自身が脳卒中になる、という研究者としては得がたい体験に見舞われます。

１９９６年12月のある朝、突然脳卒中に見舞われるのですが、自身が脳科学者ですので、すぐに「これは脳卒中だ」と認識します。

「早く助けを呼ばなければ！」と奮闘しながらも、脳のどの部分でそれが起き、今後どのような症状になるのかを予測しながら対処し、さらにいえば、それを自身の身体を通じてある種冷静に観察しているのです。

さすがバリバリの研究者だと、感心してしまいます。

実際に彼女の脳卒中は左脳で発症するのですが、左脳の機能が低下するにつれ言葉も話せなくなります。

と同時に体験するのが、自分と他者、モノとの区別ができなくなるということでした。

**自分の身体と空間との境界線がわからなくなり、全てが原子レベルで溶け合って、全てのものと一体になったような至福感を味わったそうです。**

解放感と変容する感じに包まれて、意識の中心はシータ村にいるかのようです。仏教徒なら、涅槃《ねはん》（ニルヴァーナ）の境地に入ったと言うのでしょう。

左の方向定位連合野が正常に働かないために、肉体の境界の知覚はもう、皮膚が空気に触れるところで終わらなくなっていました。魔法の壺《つぼ》から解放された、アラビアの精霊になったような感じ。大きな鯨が静かな幸福感で一杯の海を泳いでいくかのように、魂のエネルギーが流れているように思えたのです。

もう孤独ではなく、淋《さび》しくもない。魂は宇宙と同じように大きく、そして無限の海のなかで歓喜に心を躍らせていました。

以上、『奇跡の脳』（ジル・ボルト・テイラー、竹内薫訳、新潮文庫）

いわゆる「悟りの境地」という感じでしょうか。まさに「ワンネス状態」になったわけです。

左脳の機能が低下するにつれてあらゆるものとの区別がつかなくなるのは、分離や区別を司《つかさど》っているのが左脳だからです。別の表現をすれば、**左脳が理性で分離して区別している**、ということです。

脳は過去、現在、未来、また、想像と現実の区別ができない、といいました。

でも、当然ながら理性では理解しています。

あなたが何かを想像している時に、「あれ、これは現実だっけか？」とは、よほどのことがない限りなりませんよね。

「これは現実ではなく、想像だ」と理解しながら、想像しているわけですから。

でも、前述した通り、身体は反応してしまうのです。

実は、過去と現在、想像と現実、他人と自分の区別ができないのは、脳の本能的な部分です。厳密にいえば脳の中でも奥のほうにある「大脳辺縁系《だいのうへんえんけい》」と「脳幹」がそれに当たります。

この部位が、現実なのか想像なのか、過去なのか今なのか、自分なのか他人なのかの区別をせずに、真っ先に本能的反応をします。

**これは、理性では「違う」と認識していても、本能では「そうだ」と認識している**、ということです。

で、勝つのは当然ながら本能です。

試しにもう一度、レモンをギューっと口元で絞る様子を想像してみてください。また唾が出てきちゃうはずです。

## 自業自得の科学的な仕組みはこれ！

そうなると、脳の本能的な部位は、現実なのか想像なのか、過去なのか今なのか、自分なのか他人なのかの区別をせず、全てを「それは今起きている真実である」と認識する、となりますよね。

このメカニズムを考えた場合、例えばこんな場合はどうなるでしょう。

「あのバカ、めちゃムカつくわー、いつか絶対にやっつけてやる」なんて四六時中考えていたら本能的にはどう認識するか。

**「私はバカでムカつく存在。そして、いつか私はやっつけられる」なんて認識していることになってしまいます。**

何しろ、脳の本能的な部位は自分と他人の区別がつかないわけですから、「自分自身がそうだ」と認識するはずです。そして、認識しているということは、それを意識しているということです。

なので、**量子の状態もそうなる確率が高まる方向で確定し続ける**、ということになってしまうのです。

これが諺でいうところの、「人を呪わば穴二つ」であり、自業自得ともいえます。

結局、自分の意識や行動の振る舞いが、自分自身に返ってくるということですから。

ということは、逆のバージョンも機能することになります。

他人の素晴らしいところを見つけ、それを素直に褒《ほ》め、認め、尊重すれば、自動的に「自分がそうだ」と本能的には認識するはずです。

そうすれば、自分の状態も素晴らしく、褒められ、認められ、尊重されるよう、量子の状態が確定していく。すなわち、自分にとっても望ましい現実が実現していく、となりますよね。

知らないうちに他人のアラを探して、文句を言ったり、バカにしたり、批判したりしていませんか？　くれぐれも他人への妬《ねた》みや恨《うら》み辛《つら》みで、自分の墓穴を掘らないようにしてください。

その代わりに、いい意味での「自業自得」をやっていきましょう。それが結局、他人にとっても自分にとってもいいことになるのです。

## 脳の機能と仕組み4 脳の性能に個人差はない!?

あなたという存在は、ある意味で過去の記憶(情報)ともいえます。過去の記憶という蓄積が、あなたという存在を作っている、と言っても過言ではありません。

私は頭が悪い……。

私はいつもダメだ……。

私は能力が低いので、これ以上無理……。

**このような自分に対するダメ出し思考が生まれる原因も過去の記憶です**。過去に「私は頭が悪い」だの、「私は能力がない」だのを自覚させられるような経験があり、その記憶があるので「やっぱり私は……」というダメ出し思考が生まれるわけです。

でも実際は、「私はダメ」とか「私には無理」とかの脳内情報は真実ではありません。あなたが勝手にそう思っているだけであって、そう思っているから、そのような現実が目の前に展開しているだけです。

実際に人間の脳は、構造での個体差はほとんどない、ということをご存知ですか？

つまり、**脳の性能の個人差はほとんどない**、ということです。

もちろん障害や病氣などがあれば別ですが、基本的に、人類であれば皆ほぼ同じ性能の脳を頭に入れています。でも実際には、得意や苦手、好きや嫌いなどの個体差は明らかにありますよね。

脳は皆同じ性能なのに、なぜこれほどの違いが生じるのか？

私は単純に「意識の差」だと思っています。

「どうせダメ」「無理に決まっている」と思考した時点で、意識は無理、ダメにフォーカスします。

ダメや無理を意識すれば、それに合わせて量子の状態も「ダメ、無理」で確定します。

**逆に、「大丈夫かも、いけるかも」と思考していれば、実現できる可能性に意識をフォーカスすることになります。**

そうすれば実現可能性が高まる状態で、量子状態も確定し続けるんです。

さらにいえば、ダメ、無理と決めた時点でその先の思考はストップします。つまり脳を使わなくなるわけです。

一方で可能性を模索している場合は脳を使い続けていることになります。

そして、私たちの身体の特性として、よく使う部位はより発達します。

筋肉は鍛えれば鍛えるほど大きくなるでしょ？　その特性は脳も同じです。

「シナプス」という言葉を聞いたことがありますか？　簡単にいえば脳内の神経回路です。

このシナプスという神経回路がつながり合って我々は思考できるわけです。

このシナプスは、使えば使うほど数が増え、神経回路が密につながって働くようになります。

つまり「脳が発達する」ということです。

意識でさらに可能性を高め、さらに可能性を高めるために思考する。

なので、単純に考えれば、**神経回路が密につながって働いている脳の部位が、イコール「得意」だったり、「天才性の発揮」だったりするはずなのです。**

そうなると、「やっぱり一生懸命勉強して脳の神経回路を増やすしかない……」なんて話になります。

もちろんそれもそうなのですが、それ以前にちょっと考えたほうがいいこともあります。それは、その勉強が「義務、仕方なく」なのか、「興味、面白さ」なのかです。

実はこの違いが大きいのです。

## なぜ大きいかというと、前提の意識がまったく違うからです。

「義務、仕方なく」の前提の意識は、「そうしないと認められない、上手くいかない」という恐れや不安にフォーカスしています。

かたや、「興味がある、面白そう」の前提の意識は、「嬉しい、楽しい」という喜びにフォーカスしています。

意識で量子状態が確定することを考えると、前提の意識が恐れや不安では、量子状態も恐れと不安で確定する、となります。逆に前提の意識が喜びであれば、量子状態も喜びで確定しているとなるのです。

だからますます喜びを得られる状態が引き寄せられ、さらに満足し、もっと探求し、さらに脳のシナプスがネットワークを強化し、さらに能力が高まる、となるわけです。

あなたは、あなた自身の能力を過去の記憶をもとに決めつけていませんか？

また、恐れや不安意識の義務感で「もっと能力を高めねば!!」なんて焦っていませんか？

それでもなんとかなるかもしれませんが、それを喜びの意識で取り組んでいる人には到底かないません。

**本当のあなたが喜びや楽しさを感じることに取り組むことが、あなたの能力を高める一番の近道です。**

そして、あなたの能力が高まれば、それが才能の発揮となり、その才能を評価したり、その才能に感謝する人が現れます。

そのような評価や感謝が結果的に報酬という形で返ってくる、つまり豊かになるわけです。

# 第2章

# 「幸せ」について知っておきたい三つのこと

## 無意識に「幸せ」を遠ざけている⁉

前章では量子力学で確認されている超ミクロの物理現象と意識との関係、脳や身体の仕組みと現象との関係、そしてそれらから導き出せる、能力発揮と良い状態を引き寄せるための原理を説明させていただきました。

ちょっと難しかったですか？　まー完全に理解しようなんて思わないでくださいね。「なんとなく科学的にも説明ができるんだー」程度に思っておいていただくだけでもかまいません。

ここからはもう少し具体的に、「お金」と「幸せ」にフォーカスしていきたいと思います。

「幸せ」といえば誰もが望んでいることですよね。

総理大臣であろうと、パートタイマーの主婦であろうと、麻薬で荒稼ぎしているマフィアのボスであろうと、こうすれば自分や自分の家族、仲間がもっと幸せになれると信じていることをしているわけです。

それをすることで、本当に幸せになるかどうかは別なんですけどね。

誰も、自分や自分の家族、仲間が、「もっと不幸で不安な状態になるように」なんて考えて行動しませんから。

そして、これはあなたにとっても同じことです。

あなたが毎日一生懸命働いているのも、お金をもっと稼ごうと頑張っているのも、そうすればもっと豊かになれる、そして幸せになれると信じているからですよね？

だって、お金を稼げば稼ぐほど不幸になるという仕組みだったら、あなたは一生懸命働きますか？

そんなわけないですよね。

お金があればあるほど豊かになり、結果、幸せになると信じているから働いているわけです。

であるならば、ここで一旦考えなければならないことが二つ出てきます。

一つは、一生懸命働いてお金をたくさん稼げば稼ぐほど、本当に幸せになるのか？　ということ。

そしてもう一つが、そもそもあなたにとっての幸せとはなんなのか？　ということ。

で、特に重要になるのが後者、「あなたにとっての幸せとはなんなのか？」ということです。

なぜなら、そこがある意味であなたにとってのゴールだからです。

お金を稼ぐことを含めて、あなたが日々行っている活動のほとんどは、あなたやあなたの関係者が幸せになることですよね？

であるならば、あなたにとっての幸せとは何か？　幸せな状態とはどういう状態なのか？　ということをしっかりと自覚したほうがいいわけです。

なぜなら、自覚できればそれらを意識することができ、意識することができればそれが拡大するからです。

ですが、実際にはそのゴールの自覚なしに、闇雲《やみくも》にお金という数字を追いかけることで、幸せを遠ざけ、逆にさらなる欠乏を引き寄せている人が大勢いるのです。

何しろ、かつての私もその一人でしたから。

幸せを遠ざける原因1



# 幸せが複雑化している

## 本能的な欲求と本当の幸せ

霊長類の進化の歴史を紐解《ひもと》くと、ヒトとチンパンジーが共通の祖先から分かれたのは700万年前頃といわれています。これが最古の人類ともいわれるトゥーマイ猿人で、ここから430万年前頃までの人類は初期猿人と呼ばれています。

この頃の人類というかヒトの祖先は、森に住み、主に果実を食べていたと考えられています（まだ狩りも行っていなかったようです）。おそらく、本能的な欲求のみで生きていたことでしょう。すなわち、生存の欲求と子孫を残すという欲求です。

そのためには、より多くの食べ物を捕る技術と力を持ち、より優秀な伴侶を獲得し、より多くの子どもを産み育てる必要があります。そして、実際それに全力を尽くしていたと思います。


かたや現代社会。

おそらく、本能的な欲求だけで現代社会を生きている人はほとんどいないはずです。まだまだ未開の地に行けば原始的な生活をしている人もいるはずですが、少なくともこの日本のような先進国では皆無ですよね。

18世紀の産業革命以降、信じられないほどのスピードで科学の発達が進み、初期猿人の頃の生活からは、まったく考えもつかなかったくらい便利で、安全な世の中になりました。そんな、ヒトの祖先とは、まったく似ても似つかないような生活をしている我々ですが、一方でこんな事実もあります。

700万年前にチンパンジーと分かれた人類。その当時は、ヒトとチンパンジーの遺伝子情報は同じだったはずです。その後別の種となり、猿人、原人、旧人、新人と、進化を遂げ、その間、遺伝子情報も変化しました。ところが、現在の人間とチンパンジーのＤＮＡを解析しても、その違いは約１％程度しかないというのです（ゲノムの差は１％でも、体内で働いている遺伝子は約８割が異なっているという研究もあり、ヒトとチンパンジーは似て非なるものではあるようですが）。

つまり、私たち現代人も、遺伝子レベルではまだチンパンジーと別れた当時、初期猿人のままということです。

考えてみたらそうですが、チンパンジーから分かれた人類７００万年の歴史のうち、これほどまでに科学技術が発達したのは最近の２００年ほど。人類全体の歴史から見たら、ほんの少しの期間です。

少し大げさにいえば、数百年前まではほとんどの人類が「猿人に毛が生えた」くらいの生活をしていたのに、ここ２００年での大激変です。

いうまでもないことですが、我々は、人類が長い歳月をかけて学んできたことを遺伝子の中に引き継いでいます。

生活は大激変する中でも、本質的には、猿人、原人、旧人、新人と脈々と引き継いできたものを抱えたままなのです。

本質的には初期猿人から大きく変わっていないので、本能的な欲求には今も忠実なはず。つまり、生存と子孫繁栄の欲求です。

ただし、生存と子孫繁栄の欲求は、ちょっと形を変えたものになっています。

なぜなら、そこには「お金」と「豊富なモノ」が介在するからです。

生存と子孫繁栄の欲求はそのままですが、お金とモノが介在することで、「より心地よく、ラクに生存し、より心地よく、ラクに子孫が繁栄する」という欲求に変わっていると思います。つまり、もっと簡単にいえば、「自分や自分の周りの人たちが幸せになるように……」という欲求ですね。

## 幸せも時代とともに変化している

現代社会を生きる私たちには、単に生存できれば、単に子どもが成長すれば、という欲求だけでなく、そこには「より幸せに」という要素が加わっていることは、この章の最初に申し上げた通りです。

そして、実際多くの人は、**「自分や自分の周りの人がより幸せに生活し、繁栄するように」**と願って、様々な活動をしています。

よりたくさんのお金を稼ごうと仕事をするのも、より便利なモノを買おうとするのも、より快適な家に住もうとするのも、そうしたほうがより幸せになると思っているからですよね。

そういう意味では、私たちは例外なく「より幸せになること」を願っており、それを目指すことが現代社会を生きる人間の活動の中心、といっても過言ではないと思います。

ただし、ここで注意が必要です。本能的な欲求を満たすやり方で、幸せになろうとしても上手くいかないのです。

なぜなら、**本能的な欲求を満たすことと、幸福感は、まったく別物だからです。**

この「本能的な欲求を満たす＝幸福」という大いなる勘違いが、「なかなか幸せを感じられない」「なかなか満足感を得られない」という大きな原因になります。

いってみたら、我々はまさに「現代社会を生きる猿人」です。本能としては猿人と同じなので、「生存と子孫繁栄」をいまだに追いかけていますが、現代社会になってからは、「より幸福に」という新たな要素が加わっていることから、700万年前のような単純な構図ではなくなっています。

本能的な欲求に従って「生存と子孫繁栄」をひたすら追っかけているだけだと、

なかなか、「幸福感」を味わえません。

また、本能的な欲求を満たすことだけだと、満足が長続きしない——厳密にいえば、本能的な欲求を満たしても、幸福感を得られるのは一瞬だけで、すぐに不満に変わってしまうのです。

## 幸福な人生の3パターン

では、あなたを含め、現代社会を生きる私たちにとっての幸せとは、どんな状態をいうのでしょう?

いくつか考えつくとは思いますが、実は人間にとっての幸せを長年研究し、統計的に導き出した人がいます。全米心理学会の元会長であるマーティン・セリグマン博士という心理学者です。

博士が示した「3つの人生」というモデルがそれに当たり、長年の研究の結果、

「人生には3つの異なった幸せがある」と定義したものです。

一つ目は、「快楽の人生」で、楽しさや快楽をできるだけ多く手に入れるために最善を尽くす人生。

二つ目は、「充実の人生」で、自分の強みや長所を活かして、夢中になることができる活動が日常にある人生。

三つ目は、「意味のある人生」で、自分という枠だけでは完結しない、何か大きな目的のために行う活動が日常にある人生。

という定義です。

そして、彼の研究によると、「快楽から充実、充実から意味のある人生に移行すればするほど、幸福感の度合いが高くなり、幸福感が持続する」としています。

一方で、我々が猿人時代から受け継いでいる遺伝子（DNA）に刻まれている本能的な欲求は、「生存と子孫繁栄」ですから、これをセリグマン博士のモデルにあてては

# より幸福感の高い人生とは

めると、「快楽の人生」になります。なぜなら、このモデルは、ショッピング、食事、セックスなど様々な娯楽に集中する人生になるからです。

本能的には「生存と子孫繁栄」ですから、食事、セックス、たくさんモノを集めるということに当然なりますよね。

でも、これらの幸福感はすぐに薄れます。

食事も本当に美味しいのは、お腹が減っている時の最初の一口目。モノの新鮮さ、手に入れた嬉しさも、慣れてくることで徐々に薄れます。

ですので、猿人時代の本能に従って、「快楽の人生」を追求していても、「なかなか満足できない」ということになってしまいます。そうなると、幸福感を高めるカギは、やはり、「充実の人生」や「意味のある人生」へのシフトということになりますよね。

セリグマン博士によると、「充実の人生」や「意味のある人生」になると「本当の自分を生きている」という実感が高まり、その結果、幸福感が高まり持続するとしています。

つまり、**「本当の自分を生きている」と実感することが、人間にとって最高に幸福なことなのです。**

そうなると、「充実の人生か、意味のある人生に変えなきゃ!!」と躍起《やっき》になる人もいますが、それはそれで「違う」と私は思います。

なぜなら、その考え方がそもそも「逆」だからです。

**私は、本当の自分を生きていれば、それこそ自動的に、「充実の人生」か「意味のある人生」にシフトすると思っています。**

なぜなら、本当の自分で生きれば、幸福感や満足感が高まり、その結果、さらに幸福感や満足感が高まる現象が確定していきます。つまり、そのような状態が引き寄せられるということです。

**そして、その現象とは間違いなく、「充実の人生」や「意味のある人生」への道標となっているはずです。**

だから、その道標に従って歩んでいけば、自動的にさらに幸福感や満足感も高まる現象が確定していきます。

## 084 追い求めるから逃げていく

私は、引き寄せの法則の本質は「人、モノ、お金を引き寄せようとすることではない」と思っています。

私が今、実感している**引き寄せの本質は、「本当の自分を自覚し、幸せに生きること」**だと思っています。あなたが幸福感と満足感にいつも満たされていれば、不足となっている部分も自動的に満たされてくるのです。なぜなら、幸福感と満足感は、幸福感と満足感を引き寄せるからです。

引き寄せの対象を人、モノ、金に限定した時点で、それらの不足を逆に引き寄せま

す。

**なぜなら、「お金を引き寄せよう」と意図した時点で、自動的に「今それがない」という意識が無意識で働くからです。**

そして、無意識の意図が現象化します。

無意識のほうがはるかに強力だからです。

なので、本当の自分を自覚して、本当の自分を生き、幸福感と満足感を高めることで、さらにそのような状況を引き寄せる。そうすれば、「充実の人生」か「意味のある人生」に自動的にシフトし、それは結果的に、人、モノ、金も引き寄せることとなるのです。

幸せを遠ざける原因2

# お金に縛られている

## 「お金=がまんして稼ぐ」という潜在意識

毎日朝早く、眠い目をこすりながら起きて、朝食を簡単に済ませ、急いで身支度をして家を出て、ぎゅうぎゅう詰めの満員電車に乗って通勤して、会社に着いたら今日も遅くまで残業になりそうなほど仕事が用意されていて、しかもそれは自分が不得手《ふえて》な仕事ばかりで……。

なんて毎日が続いたら、誰でも病氣になってしまいます。

ここまでひどくはないにしても、これに近い生活をしている人は結構います。

で、こういう人はなぜこんな生活しているのか。

**ズバリ、お金を稼ぐためですよね。**

現代社会は、お金なしで生活するのはとても大変なので、皆、そのお金を稼ぐために、本当は嫌な仕事もがまんして続けています。がまんして嫌な仕事や、苦手な仕事をするということを否定するつもりはありません。長い人生にはそういう時期があってもいいと思います。

ただしです。

そういう生活ばかりが続いてしまい、「それが普通のこと」という感覚になってしまうと、ちょっと厄介です。なぜなら、**潜在意識に「お金=がまんして稼ぐもの」という意識が強烈に植え付けられるからです。**

そうなると、「がまんしなければお金は稼げない」という無意識の思考パターンが常に働きますので、そういう現象が現実化します。

そして、**自分に無理を強いる「がまん」が続けば、その歪《ゆが》みはどこかに必ず出てきます**。その歪みは、身体、人間関係、環境に何らかの形で現れてきます。いわゆる、病氣などという形で。

さらに、その歪みはストレスにつながりますので、ストレスを発散するための飲食や消費につながり、余計にお金を使うことになります。

そして、そのお金を支払うためにさらにがまんして働く……。そう、これがいわゆる「ラットレース」の世界です。

いつの間にか、このラットレースに組み込まれ、必死になって走っている。

これだと一向にラクにならないし、豊かにもならない。

当然ですよね、ラットレースというレールの上を走っている限り、それは無理な話です。

考えてみてください。

## 「お金＝がまんして稼ぐもの」という思い込みの人が豊かになった例ってありますか？

あるかもしれませんが、ごくごく少数だと思います。

例えば、私がセッションで使用する「青山一丁目」の部屋の近くにはホンダ（本田技研工業株式会社）の本社があります。ホンダは、もともとは浜松市にあった自動車修理工場ですよね。

そこの社長だった本田宗一郎氏は無類の自動車、バイク、エンジン、レース好きだった。好きがこうじて、エンジンやバイクなんかの改良に取り組んで、自分でバイクも作るようになり、レースにも出るようになった。そうしたら自然と会社の規模が大きくなってきて、人、モノ、金も自然と集まってきた。

つまり、本当の自分が喜ぶこと、好きなことをやっていたら、自然と充実の人生、意味のある人生にシフトしたわけです。

で、今や、世界に冠たる大企業ホンダです。

もちろん紆余曲折《うよきょくせつ》はあったでしょうが、簡単にいうとこんな流れですよね。

つまり、本田宗一郎氏は自分が魂レベルで「やりたい」と思ったことに素直に取り組んでいたら、自分の才能もどんどん開花し、自然と会社も大きくなって、上手くいった。

結局、そういうことなんだろうと思うのです。

本当の自分を押し殺して、「お金のため」と称してがまんして嫌な仕事をして、休日はそのストレスを発散するためにお金を使っている。

そういう人が豊かで楽しく、幸せで、充実した生活を送れますか?

私は無理だと思います。

結局、「満たされていない」とか、「そうでもしないとお金が稼げない」という自己卑下《ひげ》の意識が、さらにそのような状況を引き寄せるからです。

**幸せで豊かな人は、本当の自分を生きることで本来の才能(能力)が開花し、それ**

**が多くの人から評価され、感謝されることで、結果的にお金を引き寄せている。**

私は、これが豊かさを引き寄せる王道のパターンだと思っています。

## お金は「すぐに」「ラクに」の手段でしかない

ただ現実問題、「収入をもっと増やしたい」と多くの人は思っています。

なんで「お金がもっとあったほうがいい」と思うかというと、先ほどから申し上げているとおり、そのほうがもっと幸せになれると思っているからですよね。そして、その幸せの内容をもう少し具体的にいえば、「あったほうがもっと便利になるから」です。

お金があったほうがすぐに行きたい場所に行ける、お金があったほうがすぐに好きなモノが買える、お金があったほうがすぐに人にいろいろ頼める、お金があったほうがすぐに安心できる……。

というように、お金があると何かと便利です。

いろいろなことを自分の思い通りに、すぐにコントロールできるようになる、と思っているから、「お金がもっとあったほうがいい」と思うようになるわけです。

さっきから「すぐに」という言葉を強調していますが、**この「すぐに」に、お金の本当の価値、メリットがあります**。

なぜなら、お金がなくても陸続きであれば、歩けば大抵、その場所に行けます。

お金がなくても物々交換などの様々な手段を駆使すれば、いろいろなモノが手に入ります。

お金がなくても誠心誠意頼んでみたら、人は結構動いてくれます。

ただ、お金がある時と違うのは、「時間と労力が余分にかかる」ということですよね。

だから、お金は厳密にいえば、「すぐに」「ラクに」の手段なんです。

でも、実はここにお金の落とし穴があります。「すぐに」「ラクに」望んだ状態が手に入るから、「お金が欲しい」と思うわけですよね。そうすると、**数多くの「すぐ**

**に」「ラクに」を手に入れようとして、「お金をたくさん稼ごう」ということに注力し始めます。**ここで「お金への依存」が始まります。

「お金がもっとあれば……」「収入がもっと多ければ……」という具合にお金という「手段」に執着するようになり、そこで新たな欠乏が生じてくるのです。

なぜなら、執着の根底には「欠乏、不足」があるからです。

あなたの現実を作っているのは「意識」ですが、前で述べたように意識の9割以上は無意識（潜在意識）ですので、実際は無意識が現実を作っています。

そして、その無意識が「欠乏」や「不足」を意識していれば、その意識であなたの目の前の量子状態が確定します。つまり、さらなる「欠乏」や「不足」を引き寄せるということです。

なので、**焦ってお金を増やそう、手に入れようとすることは、さらなるお金の不足を引き寄せてしまうのです。**この罠にはまっている人は結構多いと思います。

それに、よくよく考えてみて欲しいんです。

お金がたくさんあっても、目が回るような忙しさだったり、家族との時間がまったくなかったり、嫌な人とばかり付き合わなければならない状態だったらどうですか？

嫌でしょ？

結局、お金を追い求めても、幸せは得られないのです。

幸せを遠ざける原因3

096

# 幸せを量ったり、比べたりする

## 幸せを比べても意味はない

ある事業家の方とセッションさせていただいた時の話です。その方はかつてあるスポーツの分野で活躍された有名な方で、今は独自に考案された事業を立ち上げ、毎日を忙しくされています。ただ、今後の事業の方向性について悩まれていました。

最終的には方向性が定まり、スッキリしてお帰りになったのですが、セッションの最初のほうではこんな話がありました。

先日、ある経営者の方とお知り合いになったらしいのですが、その方とはたまたま同い年（40代前半）だったそうです。その方は幅広く事業を展開され、従業員もたくさん抱え、事業規模も大きく、自宅も東京の高級住宅街の豪邸で、高級車を何台も持っている、とのことでした。

それと比較して、同じ経営者といえども、自分はまだ現場にプレーヤーとして立っている。事業規模も比較にならないほど小さく、住まいも小さなマンション、車もなし……。「同い年でもここまで違うのかー」とちょっと落ち込んだそうです。

他者と比較して、「それに比べて私は……」と落ち込む——これって結構ありがちなパターンです。

ただ、ここで考えていただきたいのは、「なぜ落ち込むのか？」ということです。落ち込む理由としては、事業規模が大きいほうが成功、豪邸に住んでいるほうが幸せ、高級車に乗っているほうが偉い、などといろいろ思い込んでいるからですよね。つまり、**あらゆる点で、「相手は自分よりも上だ」、と思っているからです**。だって、そう思ってなかったら落ち込まないはずですから。

でも、果たして本当に相手のほうが上なのでしょうか？

事業規模が大きくても資金繰りが大変で、毎月月末に決まって胃が痛い思いをしていたら……。都内の一等地に豪邸を構えていても、家族とほとんど会話がなく、いつも孤独感に苛《さいな》まれていたら……。

そういう状態でも本当に成功、幸せ、といえるのか？　少なくとも、私は嫌です。

事業規模が小さくとも自由な時間が多く、家が小さくとも家族との楽しい会話があるほうがいいからです。つまり、それが私にとっての成功であり、幸せだからです。

成功を求めている人でも、成功することで幸せを感じたいがために、成功を求めています。このことに例外はないんです。

ところが、その「幸せ」の基準をモノや数字などに置きかえると、結構な確率で「いばらの道」を歩むことになります。

なぜなら、**自分の軸からズレていくことが多いからです**。本当の自分はそんなこと望んでいないのに、「これだけの売り上げを上げるのが成功で、それがイコール幸せなんだ」と考えて行動をし出すと、本当の自分は抵抗を始めます。

本当の自分が望む方向に引き戻そうと抵抗するのです。つまり、「なかなか思うようにならない」「すごく大変で苦労が多い」という現象です。それでも、歯を食いしばって頑張って、自分が望んでいた数字を達成して、モノを手に入れる人もいます。

でも、軸からズレている場合は、「あれ、達成したのにさほど嬉しくない」なんて結果になりがちです。最悪の場合、一番大切にしたい人や、本当は一番望んでいる状態からはるか遠くに行ってしまう……。

そして、その虚しさや、寂しさ、苛立たしさを埋め合わせるために、さらに数字やモノを手に入れようと躍起になります。でも、それらは本当に望んでいることではないので、いくら数字やモノが手に入っても永遠に満たされない――傍《はた》から見ると完全な成功者であっても、実は幸せではない、という状態の人が実際にいるんですよ。

だから、**他人のモノや数字と比較して、「私は全然だー、早くそうならねばー」な**

**んて考えるのはやめたほうがいい。**

「私はこういうモノが大好きで、それを作りたいし、集めたいんだー」、もしくは、「数字をいじるのが大好きで、それを考えるのが至福なんだー」なんて場合は別です。

でも多くの場合は、「より大きい売り上げのほうが成功者だ」とか、「より大きな家に住んでいるほうが幸せなんだ」と思い込み、好きでもないし、喜びも感じないことに頑張って必死に取り組んだりします。だから苦労が多いし、上手くいかないんです。

それは先ほど述べた通り、自分が本当に望んでいることからズレているからです。

# 100

## 成功よりも生幸する

心理学者でハーバード大学の人氣講師であるショーン・エイカー氏は、かつては一生懸命働けば、成功する、成功すれば幸福感を得ることができると教えられましたが、今では、この理論は破綻《はたん》している、といいます。幸福感こそが成功の前提だというのです。

そう、逆なんです。

辛くても、苦手でも、嫌なことでも頑張ってやり続け、数字やモノを手に入れたら幸せになるのではないのです。**今、自分が幸せを感じることに一生懸命取り組み、それを続けてさえいればますますそうなるのです。**量子力学や脳科学で考えてもそうなのです。そして、そのことに多くの人は氣がつき始めています。

そうでなければハーバード大学の人氣講師が、「幸福感こそが成功の前提なんだ!!」なんて言わないですよね。だから、自分が幸せを感じること、自分らしさを発揮できること、すなわち、自分の軸を大切にして生きることが大事なのです。

他者のモノや数字と比較して、「私もそれを手に入れなければ!!」なんて行動するのは、みすみす罠にはまるようなものです。

そして、罠にはまるとなかなか抜けられません。数字やモノに執着し、それをひたすら追い求める状態が続くからです。

なので、**他者と比較することなく、あなたがあなたらしくいられ、楽しさや喜びを感じること、すなわち幸せな状態でいられることをひたすらやっていればいいんで**

す。それが結果として、数字やモノとして現れてくるのです。

つまり、人間は、「成功」ではなく、「生幸」を求めています。同じ「せいこう」でも、幸せに生きるという「生幸」を求めているのです。だって成功しても不幸せだったら嫌でしょ？　幸せに生きる、つまり「生幸」すれば、結果的に「成功」するのです。

前でも述べましたが、苦手なこととか嫌いなことに頑張って取り組むことで成功して、お金持ちになった人っているのでしょうか？

ゼロではないと思いますが、かなりの少数派でしょうし、一時期上手くいったとしても、それを維持するのはとても大変だったりします。当たり前のことですが、結構、見落としがちなところです。

## 量を求めず、質を体感する

多くの人は「幸せ＝成功＝量（金、モノ）」と刷り込まれているので、成功を求めます。

ただ、**幸せは「量」ではありません。幸せは「質」です。**

本当の自分が求めていることに忠実に従い、喜びや楽しさを日々感じている人生が質の高い人生であり、それがイコール幸せな人生です。

幸せは感じるものです。感じることであるならば、今ここから、その幸せを感じ始めればいいんです。小さな幸せの種はそこら中に転がってるし、それを意識して身体全体で感じるようにしましょう。
その幸せを身体全体で感じている時間が長いほど、幸せな人生を生きていることになります。

そういう意味では、あなたが本当に望んでいることは「非常に抽象的」といえます。なぜなら、あなたが本当に望んでいることは「感情的に満足すること」であり、そうなった身体の状態を今すぐにでも作れるのであれば、極端な話、お金も住まいもモノもいらない、なんてことになるからです。

**感情的に満足するということは、身体がその満足を感じている状態**。なぜなら、感情は思考ではなく、身体で感じるものだからです。

ちょっと回りくどくなりましたが、**あなたが最終的に求めていることは、「かなり抽象的な、感情的に満足した身体の状態」**なのです。

# 第3章

# 潜在意識を書きかえる法

# 潜在意識を書きかえて、引き寄せを加速させる！

さて、第3章では潜在意識をコントロールする方法について解説していきましょう。

第2章で述べたように、幸せと豊かさを引き寄せる王道パターンは「本当の自分を生きる」→「本来の才能が開花」→「多くの人から評価、感謝される」→「お金を引き寄せる」というものでした。また、「本当に望んでいること」は感情的に満足しているという非常に抽象的な状態でしたね。

潜在意識を書きかえるには、第2章でお話ししたことが役立ちます。

というのも、潜在意識をコントロールする一番簡単な方法は、本当に望んでいる状態を先取りすることだからです。

つまり、より豊かさ、幸せを引き寄せたいのであれば、身体の状態を先行させて、今ここから豊かさを感じている身体の状態を作ってしまうのです。

感情的に満足している身体の状態を作る、といってもすぐにはイメージできませんよね。

大丈夫です。このあとで、そのために大切な考え方やコツを紹介します。また、そうした潜在意識の書きかえを妨げている思考もありますので、それについてもお話ししましょう。

感情的に満足している状態を維持し、本当の自分を生きる選択をし始めると、本当の引き寄せが加速します。

この章でお話しすることを、できる範囲で少しずつ実践してみてください。

# 潜在意識が豊かさを感じている状態に書きかえる

## 潜在意識を書きかえる一番簡単な方法はこれ！

潜在意識が豊かさを感じている状態に書きかえる一番簡単な方法は、「本当のあなたが望んでいる身体の状態になってしまう」ということです。

なぜなら、**潜在意識の状態は、身体の状態に現れるからです。**

例えば、いつも暗くて元氣がない人を一人思い浮かべてください。

その人の表情、目つき、姿勢、歩き方などはどんな感じですか？

その人の表情、目つき、姿勢、歩き方などは、その人の無意識の思考パターンが作っています。

つまり、身体と意識は強くつながっているのです。

ということは、逆もしかりで、身体の状態が無意識の思考パターンを作るともいえます。

だから、あなたが最終的に得たい身体の状態を明確にし、その状態になることで潜在意識を徐々に書きかえましょう。

そして、**身体の状態というのは、お金やモノを手に入れるのと違って、今ここですぐに作ることができます。**

前章で述べたように、人が最終的に求めているのは「かなり抽象的な、感情的に満足した身体の状態」でした。

ですから、そういった身体の状態を今すぐ作ることができれば、お金も住まいもモノもなくても、潜在意識は幸せ、豊かさを意識し、それに合わせて環境も変化するのです。

## コツは「目指す」「求める」ではなく、「氣づく」

豊かさを感じている身体の状態を作るといわれても、実際、今豊かではないのでそんな状態はわからないし、作るのは難しいです――なんて話をよく聞きます。

ここで大事な点として強調しておきたいことがあります。

実は、**幸せや豊かさは、目指すものでも、たどり着くものでもありません。ただ、今ここにあると氣づいて感じるものなのです。**

なぜなら、本当の幸せや豊かさは、普段特に意識することがない「当たり前の中」にあるからです。

人は当たり前を失った時に、当たり前のありがたさに氣づきます。

「当たり前があった時、すでに私は幸せだったんだ、豊かだったんだ」と氣づくのです。

私の講座の中に、普段特に意識していないけれど、「あるもの」「いる人」「できていること」などを思いつく限り書き出すワークがあります。

それを書き出した後、自分が今求めているもの、あるいは望んでいる夢や目標と交換できるものを選んでもらいます。

そうすると大抵の人は交換を躊躇《ちゅうちょ》します。

なぜなら、**特に意識していなかった、ある意味「当たり前」と思っていたことが、実はとても重要で大切なことばかりだと氣づくからです。**

例えば、あなたも普通に匂いを嗅《か》げると思いますが、匂いを嗅げるというその幸せを実感したことがありますか？

「この実験に参加すると二度と匂いを嗅げなくなります。その補償として5億円を差し上げます」なんて言われたら、あなたはどうしますか？「5億円もらえるなら」とその実験に参加しますか？　私は絶対に嫌です。

あなたもそんな実験には参加しないと思いますが、ということはすでにあなたは「匂いを嗅げる」ということに5億円以上の価値を見出しているということです。だったら、普段特に意識しない当たり前に匂いが嗅げるという幸せを、またはそれを持っているという豊かさを、身体全体でただきちんと実感して味わえばいい。

**すでにある幸せや豊かさを身体全体で、しっかり実感すれば、ますます幸せになり、ますます豊かになるんです。**

## ある漁師と経営コンサルタントの会話

細部は様々ですが、よく知られているこんな話があります。

ある経営コンサルタントがバカンスで南の島に遊びに行きました。そこである若い漁師に出会い、魚を分けてもらったところ、それが大変美味しかった。翌日、コンサルタントはその漁師にこんな話をもちかけます。

**コ**「あの魚美味しいね〜、ビジネスにしないともったいないよ」

**漁**「え、ビジネス？」

**コ**「まずねー、今までよりもっと魚をとってくるんだ。そのために、もっと仲間を増やすんだよ」

**漁**「え？　そんなにたくさんとってどうするんですか？」

**コ**「売るんだよ」

**漁**「たくさん売ってどうするんですか？」

**コ**「たくさん売ってお金が貯まったら、もっと人を雇って、もっと魚をとるんだよ」

**漁**「そんなたくさんとっても、腐っちゃうじゃないですか」

**コ**「大丈夫だ。缶詰工場を作るんだよ。そして世界の国に出荷するんだ。多くの国が買ってくれるぞ」

漁「そうしたらどうなるんですか?」

コ「そうしたらさらに人を増やして、ビジネスを大きくするんだ。そして……」

漁「あの〜、す、すいません、なんでそんなことするんですか?」

コ「決まっているだろ? 好きな時に、好きな仲間と、好きなことをやるという自由を得るためだよ。そのためにいろいろチャレンジするんだよ」

漁「えっ? それってどういうことですか?」

コ「お前は好きな仲間と一緒に毎日を楽しく過ごしたり、家族とゆったりとした時間を過ごしたりしたくないのか?」

漁「はっ? あの〜、ぼくは毎日そういう生活しているんですが……」

コ「……」

# 現実は「相対的である」という事実

あなたが何氣なく入ったカフェでくつろいでいたとします。

ふと横を見ると、「うわー、めっちゃタイプ～」なんて感じる人が座っていました。さりげなくその人の横顔を見て喜んでいましたが、時間が来たので店を出なければなりません。仕方なく店を出るためにその人の前を通ると、「あれ、そんなにタイプじゃないや～」なんて氣づく。

なんでこんなことが起こったのか？

簡単にいえば、横顔を見てたらタイプだと思ったけれど、前から見たらそうでもなかったってことですね。こんなこと、誰でも一度や二度は経験あるはずです。

この現象をちょっと難しくいえば、「相手との関係性が変化したため」といえます。あなたが席に座っている時は、相手はあなたに「横顔を見せている」という関係性でした。それが、あなたが相手の正面まで移動したことで、相手はあなたに「正面の顔を見せている」という関係性に変化したのです。

その関係性の変化によって、あなたの中の現実は最初「めっちゃタイプ」なんて思っていたのが、「いや、そうでもないや」に変化したわけです。

つまり、**あなたにとっての現実は、相手との相対的な関係によって変化する、**ということなんです。

**この相対的関係性は、何も人だけではなく、お金、モノ、環境、状況に対しても同じことがいえます。**

例えば、あなたはおばあちゃんからもらった指輪を、特に意識することなく時々はめていたとします。

その指輪が今の価格で３００万円を超えるものだとわかったらどうします？

間違いなく、その指輪とあなたの相対的な関係性も変わるはずです（笑）。

その指輪はあなたにとって「大変な貴重品」となり、あなたは「そのような貴重品を持っている人」という現実に変化するわけです。

さらにいえば、そんな高価な指輪を譲ってくれたおばあちゃんとの相対的な関係性も変わるはずです。「おばあちゃんは、こんなにも私のことを想ってくれている」ということが、あなたにとっての現実となったりするでしょう。

## あなたの現実は「客観的で絶対的な事実」ではない

いろいろ例をあげましたが、要するに、**「現実というのは極めて相対的で、絶対的ではない」**ということなのです。

実は、このことを世界で初めて明らかにしたのが、アインシュタインの「相対性理論」です。この理論の登場により、今まで「客観的で絶対的な事実」とされてきたことが、実は何かとの関係性に基づく「相対的なもの」と見なされるようになったんです。この世界の全ては、基本的に相対的であり、絶対的ではない。つまり、この世界は本質的には曖昧《あいまい》であり、客観的で絶対的に定まったものはない、ということです。

そして、このことは量子力学でいうところの「不確定性原理」であり、この原理も「絶対的、客観的に決まった状態はない」とする量子力学の基本原理です。

面白いことに、相対性理論も、量子力学も20世紀の初頭に台頭して来ましたが、同じようなことをいっています。

**そして、まさに同じような時代に出て来た天才画家がピカソです。**

ピカソは、「ゲルニカ」のようなある種「異様」とも感じられる絵画で知られていますよね。でも、ピカソが描いた絵が革命的なのは、まさに絵が「相対的」だからなのです。なぜ相対的かというと、視点が絶対的な一点に固定されていない。この絵の顔は、真正面、横、後ろなど、様々な角度からの視点が同時に描かれています。いってみたら、ホログラムを平面に落とし込んでいるような絵、というわけです。

ホログラムはわかりますよね？　立体的に浮かんでいるように見える画像で、その画像はあなたが見る角度で変化します。つまりホログラムは、あなたとの「相対的な関係性（位置、角度など）」が変わることで、見え方が変わる絵なのです。

それを20世紀の初頭に絵画で表現したのがピカソというわけです。

そして、面白いのは、相対性理論も、量子力学も、ピカソの絵画も、ほぼ同じ時期に現れている、ということです。表現の仕方は違えど、ほぼ同じようなことを表現している。

ということは、私たち人類がそのことに氣づいてその方向に進化しなさい、ということでもあるように思えます。なぜなら、こういう天才たちが新しい世界観を提示したり、旧習を打ち壊すことで、新しい世界が展開し始めるわけですから。

でもその一方で、すでに21世紀に突入して20年近く経つにもかかわらず、まだ私たちはいろんなことを「確定している」「絶対的だ」と捉えがちではないでしょうか？相対性理論、量子力学、ピカソの絵画から100年以上経っているのに。ある特定の価値観、常識、社会通念に基づいて、「そういうもんだ」「それが正しい」というふうに、無意識でいろいろなことを確定させている。

**対人関係、社会との関係、仕事との関係、お金との関係などなど、それらとの関係性を「そういうもんだ」と意識しているから、そのように現実が確定しているのです。**つまり、あなた自身が、そのような状態を、意識で選択しているのです。

本当は、それらは単なる思い込みであり、実際にはなに一つ確定していないにもかかわらずです。

## 豊かさや幸福も、全ては何かとの関係性の解釈

そうして、人が抱える悩みや課題は「何かとの関係性」です。

対人、対仕事、対お金などなど、これらとの関係性が上手くいっていないから悩みになったりするわけですよね。で、それらとの関係性が上手くいっていないそもそもの原因は、**あなたがそれらとの関係性を「そういうもんだ」「そうに違いない」と確定させているからです。**

「あの人とはウマが合わない」「私は仕事をする能力が低い」「お金は一生懸命働かないと稼げない」などなど。

それらとの関係性を、「そういうもんだ」「そうに違いない」と意識しているから、そのような現実が確定しているのです。

でも先ほどからいっている通り、それらとの関係性は極めて相対的であり、**あなたが「それが事実」と思っていることも、曖昧で、複数の視点から見ることができるものです**。そして、実際に視点を変える、つまり相対的な関係性を変えることで道が開けていったりするのです。

「あの人と氣が合うところはどこだろう？」「私が人から褒められたりすることってなんだろう？」「お金を楽しそうに稼いでいる人ってどんな人だろう？」そして「今ある幸せってなんだろう？」などなど。

だから、あなたの勝手な思い込みで「そういうこと」と確定させないほうがいいんです。実際にそれらは相対的であり、確定していないんですから。

20世紀の初頭から、世界の潮流は確実に、相対的、確率的、抽象的、曖昧、複数の視点（多面的）に向かっています。

そして、この世界が「相対的」ということは、全てはあなた自身が、あなたの意識で選択できる、ということです。あなた自身が、それらとの相対的な「関係性」を選択できるのですから。

# 122

# 感情的に満足している状態を作るために大切なこと

## 抽象的な状態を具体的な言葉で表現する

さて、「当たり前にある幸せに氣づく」ということの他にも、感情的に満足している状態を作る方法がありますので解説していきます。

ちょっと逆説的になりますが、**その抽象的な感情的満足の状態は、なるべく言語で具体化したほうがいい。**

なぜなら、感情的満足といっても、それだけだとほとんどの人はピンとこないからです。

言葉自体が抽象的表現であってもかまいません。それで身体の状態が作りやすくなって、様々な判断を理性的にできるようになればOKです。

例えば、あなたの感情的に満足する状態が、「全てが調和している感じ」だったとします。「全てが調和している感じ」という表現は、正直、抽象的でまったく具体的ではありませんよね。

でも単に「感情的に満足している状態」という表現よりは、はるかに具体的です。

他人からすると「全てが調和している感じ？　何じゃそれ？」という感じでも、本人がそれを「こういう感じだ」と理解して、それを様々な判断などで利用できればいいのです。

**言語化した感情的満足の状態は、本人だけがわかればいいわけで、他の人が「何か抽象的でチンプンカンプンだ」でもかまいません。**

今後の様々な判断や決断をくだす時に、「全てが調和している感じ」があるのかどうか、もしくはどちらがより「全てが調和している感じ」を感じられるのかが重要な判断基準となるのです。

なぜなら、**最終的にはそのような状態を望んでいるわけですから**。

それが本当の「望み」であるならば、それにより「近づける」、もしくはそれがより「拡大する」ほうを選ぶのが合理的でしょう。

「こっちのほうが得になりそう」「こっちのほうが、イメージがいい」で選んでもかまいませんが、最終的に「全てが調和している感じ」から程遠い状態になったら結局満足できません。

## お金を払う時に発動する意外な感情とは？

実際に私がセッション中に受講者の方に時々聞くのが、「今の表情、意識していますか？」ということ。

当然、ほとんどの人は意識していません。

ということは、表情を作っているのは無意識（潜在意識）ということです。

ですので、ある意味あなたの表情は「潜在意識の状態を表している」ということになります。

その中でも特に重要なのが「目の感じ」です。

日本にも「目は口ほどに物を言う」という諺があります。

つまり、**目にはあなたの本心、イコール「あなたの潜在意識が何を意識しているか」ということが表れているのです。**


スーパーマーケットに行った際などに時々観察するのが、お金を払う時の人の表情、目の感じです。

いやらしいですか？　ま、職業柄ということで。

で、大体の人の表情と目を見て感じるのは、「お金を払う時に喜びはない」ということ。むしろ、「仕方なしに」「残念だ」という感じが多い――つまり、本当は払いたくないけど、お金を払わないと欲しいものが手に入らないので払うという感じ。

どうしてそんな氣持ちになるかというと、お金が少しでも減ったという「残念な氣持ち」とお金が少なくなったという「不安」があるからです。

となると、お金を払う時に自動的に「不足、不安、残念」という氣持ちが発動するので、お金を払うたびにますます不安で残念な結果になるような状況が引き寄せられることになるのです。

この世は全て意識が作り上げていますので、この無意識のカラクリに氣がつかないと、このサイクルを繰り返すことになります。

で、もしあなたが「私、まさにそのサイクルの真っ只中!!」と思うのなら実践していただきたいことがあります。

それは、**お金を払う時、このお金がどれだけの人たちの生活を豊かにし、潤すのかを想像しながら払うようにして欲しいのです。**

例えば、お魚を一匹買うとします。

そのお魚をあなたが手にすることができたのは、そのお魚をとってくれた漁師さん、そのお魚を売ってくれた市場の人、そのお魚を運んでくれた流通の人、そしてそのお魚を売ってくれたスーパーの人など、多くの様々な人たちがかかわってくれたからです。

その人たちの働きとご縁に感謝するとともに、あなたのお金がその人たちの生活の支えになった喜びを感じるんです。

ちょっと想像してみてください。

それだけでも幸せで豊かな氣持ちになるでしょ？

100円払う時でも、1万円払う時でも、そのような想像をしながら払ってみてください。それに加えて、**氣がついた時でよいので、「豊か」とか「富」という言葉をつぶやき、身体全体で感じるようにしてください。**結局、豊かさを感じるのは身体なので、それを先取りするのです。

## 夢を手放したほうが上手くいく⁉

今ここで本当に望んでいる状態、つまり豊かさや幸福を感じている身体の状態を作れるのであれば、あなたが求めているものも、本当はいらないものだったりする、ということもいえます。

あなたの望みや夢が本当はいらないものなんていうと、ちょっと残念な氣になってしまうかもしれませんが。

でも「本当はいらないんだー」ってわかったら、逆にそれを手放せませんか？

だって、実際なくてもゴールは作れるんですから。

そして、ここからが大事な点です。

**手放して、今ここで本当に欲している状態、すなわち身体の状態を維持し、さらに本当の自分が望んでいる行動の選択をし始めると、本当の引き寄せが加速します。**

なぜなら、本当に望んでいる目つき、表情、身体の状態に、意識の状態も引っ張られるからです。

例えば、すごく明るい表情で、背筋を伸ばして胸を張り、上を見ながら「絶望」を感じてみてください。

やってみたらわかりますが、これも無理なんです。なぜなら、身体の状態がとても良い感情の状態だからです。**身体と意識は密接につながっているので、身体の状態に意識が引っ張られるのです。**

さらにいえば、あなたが本当に楽しさや喜びを感じていることをしている時も、嫌なことだとか不安なことを、そんなに考えられないはずです。

## 目標を壁に貼って眺めても、意味はないと断言できるワケ

常に夢や目標を意識するために、それを実現した時のような写真や言葉などをコルクボードに貼って、毎日眺めるということを推奨する方法がありますよね。実際に私

もやったことがあります。

ただ残念ながら、それを眺めている時は全然実現しませんでした。実は、同様に取り組んでみたけど、上手くいかなかったという人が結構多かったりします。

で、「効果ないや、もう外しちゃえ」なんて感じで物置の奥に入れてしまう。

2～3年後、引っ越しの際に久しぶりにそのボードをたまたま見たら、いくつかの夢は叶《かな》っていた……。

こんな体験を語る方が、私のセッションを受けた人や講座受講生の中にも多いのです。

そして、私も実際にそうでした。それを一生懸命眺めている時はダメでしたが、それをやめて、今自分が楽しめること、喜べることなどに集中していたら、自動的に叶っていました。

これは、**夢や目標に執着するのをやめ、「今ここ」で良い状態、本当に望んでいることを選択し続けた結果だと思います。**

「而今《にこん》」という言葉をご存知ですか？

「生命の真実は今この時をおいて他にない。だから、今この瞬間を大切に生きなければならない」ということを表した禅の言葉です。

過去の失敗を悔《く》やんでばかりいたり、来るかどうかもわからない未来の不安や望みばかりを意識していたりするのは、大切な「今」をないがしろにすることになるからです。だから、今が大事なんです。

**結局、「今、その状態を作る。そしてさらにそのような状態になる選択をする」ということが大事なのです。**何度も言いますが、それは「今」作れますし、さらにそうなる選択ができます。

こんなことを言ったら怒られるかもしれませんが、私は、「こうするとお金が引き寄せられますよ」とか、「こうすると理想の人に出会えますよ」とか言いたくありません。

なんだか、「薄っぺらい」「表面的」「本質的でない」と感じてしまうからです。

すなわち、私の「軸」からズレるのです。

「人」「モノ」「金」なんて、と言ったらこれも怒られるかもしれませんが、意識が本当の自分が求めている状態になり、その意識状態での行動を増やせば勝手に寄ってきます。

私も、過去には「人」「モノ」「金」を追いかけていた時代はありましたが、その時は一向に寄ってきませんでした。今はそのカラクリに氣がついていますので、勝手に寄ってきます。

なにせ、量子力学の波動関数から導き出せる物理法則ですからね。

だから、あなたも、「人」「モノ」「金」を「絶対に手に入れよう」なんて意識しないで、本当に大切な「今」本当に望んでいる状態を作ったほうがいいのです。

加えていえば、**さらに本当のあなたが望んでいる状態になるような行動を選択するのです**。

表面的な現象や手段にとらわれず、その元となっている「本質」をコントロールしてください。それが、本当の意味であなたの現実を良い方向に変化させる、とても有効な方法なのです。

## 無意識の自己卑下に注意

私たちは長らく古典物理学的な思考に慣れ親しんでいます。古典力学的思考を簡単にいえば「行動を起こすことで何らかの変化を起こそう」とする思考です。

つまり、あなたの身体という物質が、誰かの身体という物質、もしくは物に働きかけて、何らかの変化を起こそうとするわけです。

物質が、物質を、物質でなんとかする、という思考ですね。

何かややこしいですが……。

もちろんこれも効果があるし結果も出ますが、その一方で、これを量子力学的に考えるとどうなるか？

**まず、物質は意識がないと物質ではない状態（波＝エネルギー）なので、まず「どういう意識か？」が重要になります。**

その行動を起こす前提の意識で、量子の「時間」と「位置」が決まる、つまり物質化するので、まず「何を意識しているかが大事」となるのです。

ノーベル物理学賞受賞者である理論物理学者ユージン・ウィグナー博士は、「意識に言及することなしに、量子論の法則を定式化することは不可能」という内容の発言をしています。

量子論の法則とは「この世の本質の法則」ということですよね。何しろこの世の物質と空間は、基本的にエネルギーと量子（素粒子）でできているわけですから。で、博士は、その量子論の法則は、「まず意識ありき」と言っているわけです。

ということは、自動的に「この世はまず意識ありき」という理屈になります。

つまり、**意識が世界を作っている**、となるのです。

それはあなたの周りの世界も同様です。

繰り返しになりますが、あなたの周りの世界はあなたの意識が作っています。

それは理解しがたいし、実感できないという氣持ちもわかりますよ。でも、この世の本質である量子の物理法則を考えると、そうなってしまうのです。

そして、あなたがそれを「理解しがたいし、実感できない」、と感じるのは、これも何度も申し上げている通り、その意識のほとんどは無意識（潜在意識）だからなんです。

例えば、あなたが「なんとかしないと!!」と焦って行動している時の前提の意識はどんな意識でしょう？

多くの人が、何かを失う「恐れ」だったり、誰かから認められない「不安」のはずです。

これを量子力学的に考えれば、**まず意識で「恐れ」や「不安」という現実を確定させ、それを「なんとかしないと!!」という行動で埋めている、となります。**

そして、もっといえば、その「恐れ」や「不安」の根底は、自己卑下につながっていたりします。「こうでもしないとお金を稼げない」とか、「こうでもしないとあの人が振り向いてくれない」という思考の前提は、「自分はその程度だから」となるからです。

そして、**前提の思考が「自己卑下」なので、周りの人からも認めてもらえない、給料も上がらない、という現実が現れます。**

真面目な人ほどこのような状態に陥りがちです。でも、これを量子力学的に考えると、「そりゃそうでしょう」となります。

なにせ、「嫌でも、苦手なことでも頑張ってやることで認めてもらいたい」と思っているということは、「自分はそうでもしないと認められない人間」と自分で自分を定義していることになるからです。つまり、自分で自分を低く見ているわけです。

だから、「周りからも低く見られるという現実が確定していく」という物理現象になるわけです。

## 「面白そう！　興味深い!!」と感じることにフォーカスする

特に注意が必要なのは、**「こっちのほうがラクできそう」とか、「こっちのほうが儲かりそう」「損しなさそう」という意識で取り組む行動です。**

なぜなら、「本当はそんなにやりたくないけど、仕方なく」という意識が前提である場合が多いからです。

もちろん、「面白そう！ ワクワクする!!」、しかも「ラクできる」「ビジネスになる」というのならいいですよ。

そうではなくて、「本当はやりたくないけど、仕方なく」だと、「そうでもしないと認められない」という自己卑下の意識だったり、「そうでもしないとお金が入ってこない」という不安の意識が前提だったりするからです。だから大抵上手くいきません。

仮に上手くいっているように見えても、すごく大変だったり、頑張り続けなくてはならない、つまり「無理している」という状態が続いてしまいます。

そうなると、「そもそも、なんでこんなことやっているんだ？」なんてことにもなりかねません。

かくいうかつての私がそうでしたから。

「こっちのほうがビジネスになりそうだ」「こっちのほうがラクできそうだ」「こっちのほうが損しない（得しそう）」で選択、決断していた時は本当に「ショボショボ」でしたし、損もたくさんしました。

「これだと結局上手くいかない」と氣づいて、**「自分が素直に面白そうと思うこと、興味があることにフォーカスしよう」としてから徐々に良い状況に改善していきました。**

結局、素《す》の自分が「面白そう！　興味深い!!」と感じることにフォーカスすることが、良い状態を引き寄せる近道なんです。

でも一見、「こっちのほうが儲かりそうだ」「こっちのほうが得になりそうだ」ということを選択するほうが、良い状態を引き寄せる近道のように見えます。

むろんそういう場合もありますが、その場合は大抵自分が楽しめたり、ワクワクしている場合です。

そうではなしに、不安や自己卑下の意識で、「こっちのほうがビジネスになりそうだ」「こっちのほうが得になりそうだ」という選択をすると、かえって遠回りになってしまいます。

そして、かつての私も含めて実際は遠回りする人が多いのです。なぜなら、**「面白そう！　興味深い!!」で選択することが怖いからです。**

その選択が良い状態への近道に見えないどころか、道がないようにさえ思えてしまうのです（でも、そうしたほうが結局上手くいきます）。

量子力学的に考えても、「面白そう！　興味深い!!」という意識前提だと、まずそれで量子の状態が確定します。そこに「面白そう、興味がある」という行動が加わるので、さらに「面白そう、興味がある」という状態が拡大していきます。

そういう状態だと当然、「こうするともっと面白くなるかも」というインスピレーションも湧きやすくなり、それをまた素直に実行していくと、それが次第に潜在能力の覚醒《かくせい》、才能の開花につながっていきます。

そうすれば、自然と人、モノ、金の不足は埋まっていくのです。つまり、結果的に良い状態が引き寄せられます。

ですので、あなたも素のあなたが「面白そう！　興味深い!!」という意識前提の行動を増やして欲しいのです。

ただし、増やして欲しいのですが、**「全てをそうしよう」とするとこれまた無理が生じます。**

完璧を目指すと難しくなって、難しくなるとやる氣も失せてしまいますし、完璧にできない自分に対してダメ出しも始まります。

そうするとまた落ちていってしまうのです。

なので、あなたの行動100%を「面白そう！　興味深い!!」という意識前提にするのではなく、**「できる範囲から、徐々にそういう意識前提で行動を広げていく」**というようにしてください。

そのほうが無理なく、徐々に変化を起こしていけます。

実際、私のセッションや講座を受けていただいている方々にも、「完璧を目指さず、徐々に」ということをお願いしています。

少しずつでも意識と行動のパターンを変えていけば、自動的にその結果である現実も変わっていくからです。

いずれにしても、物理法則なので、同じ意識で同じ行動を続けている限り、同じ現実が現れ続けます。ですので、少しずつでもいいので、本当のあなたが喜びと楽しさを感じるような「面白い！　興味深い‼」という意識で、行動を選択していってください。

## 頑張っても頑張っても、上手くいかない時の原因

そのような選択を増やすということは、ある意味で自力だけでなんとかするという意識を手放すことでもあります。

あなたも子どもの頃に、「自分でできることは自分でやりなさい」なんて言われた経験ありますよね。下手すると子どもは親をあごで使おうとしますから、私もうちの子どもにはよく「自分でやりなさい」と言っています。

自分でできることは自分でする——これは独立心を養成するためにも大事なことだと思います。

それは当然大人になってからも大事なんですが、大人になると自分ではどうにもならないことでも、「自分でなんとかしなければ！」と頑張る場合が増えていきます。

自分ではコントロールできないものでも、自分の力で「なんとかしよう‼」とコントロールすることに躍起になる。

そして、残念ながら、そのコントロールは大抵の場合、上手くいきません。

なぜなら、**「なんとかしよう‼」と躍起になっている時の前提の意識は、何度も申し上げている通り、大抵「恐れや不安」となっているからです。**

私もこの「前提の意識」に氣づかずに、「なんとかせねば‼」といろいろ頑張っていた時には結構苦労しました。

そして、「もういいや、興味あること、楽しそうなことを中心にやっていこう」なんて感じで取り組み始めたのが、量子力学と脳科学をベースに考えた引き寄せの実験なのです。

**で、その過程でだんだんわかり始めたのが、「前提の意識の大切さ」です。**

なにせ、「意識で状態が確定する」というのが量子の世界であり、その量子の集合体が私たちの肉体や空間という現実を作っているわけですから、私たちが何かを意識している時点ですでに量子の状態は確定している――そう考えた時に、とても腑《ふ》に落ちたんです。

「そうか、恐れや不安という意識で頑張っても、そりゃ上手くいかないわけだわ」という感じです。

仮にその意識で上手くいったとしても、確定した量子の状態を上回るような行動をやり続ける必要があるので、それは大変です。

そして、前でも述べているように、偉大な業績を残した天才やイノベーター、超大金持ちといわれる人々のほとんどは、「お金のために仕事を頑張ってるわけではない」という事実。

世界でも一、二を争う大富豪といえば、投資家のウォーレン・バフェット氏を思い浮かべる人も多いと思います。

大富豪の投資家なんていうと、「強欲な金の亡者」というイメージを持つ人もいるかもしれませんが、バフェット氏の生活は驚くほど質素なことで知られています。

彼の生まれ故郷はアメリカの地方都市、ネブラスカ州オマハで、そのオマハで60年以上前に300万円ほどで購入した家にいまだに住んでいて、好きな食べ物は、コーラとハンバーガーだそうです。

彼は大学で学生に向けて話をした際に**「大事なのは、自分が好きなことをとびきり上手にやることで、お金はその副産物にすぎない」**ということを語っています。

実際、バフェット氏は子どもの頃、ビジネスでお金が増えるのを見るのが好きだったそうです。そして、扱う金額の大きさは変わりましたが、昔も今も、ビジネスで得られる喜びは変わっていないといいます。つまり、好きなビジネスに楽しみながら打ち込み続けてきた結果、お金を手にしたのであり、決してお金のために頑張って、大富豪になったわけではないのです。

生活が質素なのも、好きなことに集中するために、それ以外のことはほとんど手放しているからなのでしょう。

まさに、本当の自分の想いや感覚に忠実に生きている、といえます。

そして、**この「本当の自分の想いや感覚に忠実になる」ということが、他力を動かす秘訣だと思います**。ここでいう「他力を動かす」というのは、「本当に自分が望んでいる状態を引き寄せる」、という意味です。

「他力本願」という言葉があります。この言葉には「責任を放棄して人任せにする、いい加減で努力をしない」なんてイメージありますが、本来の意味は違います。

そもそもは仏教の教えですが、その教えとは「自力で悟りを開くのではなく、より大きな他力（阿弥陀仏）の導きを受けて魂を救済する」ということです。

魂の定義は人それぞれだと思いますが、私は意識だと思っています。量子論的に考えれば、意識がなければ脳や肉体がない、ましてやこの現実という時空間がない、となるからです。つまり、全ては「意識ありき」ということです。

その意識が本来の自分の望みに従うと、それはイコール魂の救済につながるので、他力の導きや支援が受けられる。つまり、さらに良い状態が自動的に引き寄せられる、ということです。

そして実際に、本当の自分の望みに忠実に従っている人は他力が働くので、どんどん望ましい状態が引き寄せられる。量子論的に考えれば、**意識が魂レベルで喜ぶことをやっているので、魂レベルで喜ばしい状態に量子の状態が確定する**、ということです。

だから、自分の力、能力だけだと想像もできないような状態まで引き寄せられるのです。

## 無意識の言葉に隠された本音が現実を作る

無意識に何氣なく発している言葉にも注意を払っていったほうがいいでしょう。

「あの人は特別だから」とか、「あの人だからできるんだ」などという言葉を使っている人がいますが、これもかなり自分を低く見積もっています。

もちろん、人それぞれ得意不得意はありますし、好き嫌いも様々です。

なので、それを全部真似しよう、というのは得策ではない、というかむしろやめるべきです。

ですが、**大抵「あの人は特別」とか、「あの人だから」という言葉を使っている前提の意識は「私にはとてもじゃないけど無理」です。**

だから、その意識通り「やっぱりねー」となるわけです。

で、「やっぱりねー」ということはそれが本音、つまり前提の意識、ということ。

なのである意味、「自分が本当に意識していた通り」ということなんです。

あなたも無意識に自分を卑下する言葉を使ったりしていませんか？　そういう言葉は直していったほうがいいですよ。人は結局「言葉でできている」と言えます。

思考も言葉、コミュニケーションも言葉、何かを定義し、自分を評価するのも言葉です。そして、その言葉の定義通りの現実となっているはずです。だから、言葉が大事なのです。それはイコール「潜在意識のコントロール」です。

**無意識に使っていた自己卑下の言葉を自己尊重の言葉に改めてください。**

最初は自己尊重の言葉に違和感を持っていてもいいのです。自分を褒め、認め、尊重する言葉も、使っていれば次第に慣れていきます。

そして、その慣れに従って、あなたの現実も変わっていくのです。

## アファメーションは有効か？

言葉を使うという意味では、いわゆるアファメーションもそれに当たります。「鏡に向かって毎日『私は豊かだ、私は素晴らしい!!』と毎日唱える」というような方法です。

誰でも似たようなことを、一度はやったことがあるのではないでしょうか?

ご多分にもれず、私もです。「これって自己催眠みたいなものなのかなー」なんて考えてやってみましたが、結果は——正直、上手くいきませんでした。

というか、「これってどうなんだろう?」なんて途中で思ったので、余計に上手くいかなかったのだと思います。

何を「どうなんだろう?」と感じていたかというと、**素直に、「こんなことで本当にそう思い込めるんだろうか?」ということです。**

これって「そう思い込もう」と頑張っている状態ですよね? でも、「そう思い込もう」と頑張っている時点で、今は「そうじゃないから」って思っているはずです。

だったら思い込めるはずがない、と思いませんか?

よっぽど催眠にかかりやすい体質で、自己催眠にもすぐにかかってしまうという人なら別かもしれませんが、そんな人は多くいるわけじゃないし、そういう催眠にかかりやすい人は別の意味で危険だったりするはずです。

だから、そもそもそんな簡単に催眠にかかる人は多くないし、それはすなわち鏡に向かってそう思い込もうとしてもなかなか思い込めない、ということ。

**もっといえば、実際に今、豊かで、実際に今、幸せを感じている人が鏡に向かって「私は豊かだ、私は幸せだー!!」なんて言うでしょうか。**

というような素朴な疑問が様々頭をもたげ、結局やめました。

でも、後に量子力学や脳の仕組みを学ぶにつれて、「やっぱりやめてよかったんだ」と思うようになりました。

前にも述べたように、量子はそもそもエネルギー(波)の状態ですが、人間の意識が介入すると粒(物質)になります。そして粒となった時点で量子の位置と時間が決まります。

エネルギーだとこの空間に遍在しているので、「ここにある」と位置を特定できませんが、物質になると「ここにある」と特定できるからです。それがいわゆる「量子の状態が確定する」ということです。

そして、脳には意識したものだけを目で見て、耳で聞くというフィルター機能があります。全ての情報を脳に取り込むとパンクするからです。

だから意識したモノ、現象だけを厳選して脳に送る、というわけです。

これらの仕組みを考えると、「私は豊かだ!!」と鏡に向かって言っている時の前提の意識と思考はどうなっていると思いますか?

細かく分析するとこんな感じのはず。

欠乏や不安に意識が向いているので欠乏や不安をいつも感じており、そこから逃れるために鏡に向かって「私は豊かだ!!」と言うことで欠乏と不安を解消しよう、という感じです。

そうなるとです。

**そもそも欠乏や不安を意識して鏡に向かって「私は豊かだ!!」なんてやっているので、量子はすでに欠乏と不安で状態を確定させています。**

それに、そもそも欠乏や不安を感じているのに、無理やり「私は豊かだ!!」なんて言っているので、どこかで「これは嘘だ」と感じているはずです。

そう考えると「私は豊かだ!!」なんて言い続けるとドンドン、「これは嘘、今は違う」と、潜在意識に刷り込んでいることにもなる。つまり、欠乏と不安を潜在意識に刷り込んでいることになり、ますますその状態で量子の状態が確定します。

あくまで私の解釈ですが、「げ、逆やってる!?」なんて感じになってしまいます。

ただまんざら間違いでもない、と思っています。なぜなら量子力学と脳の仕組みを考えると、そう捉えたほうが合理的と思えるからです。

では、どうすれば上手くいくかというと、むしろ、**ただ単に「豊かさ」という言葉自体を身体全体で感じてみる**、というほうがいいと思います。

そこに嘘も偽りもなく、ただその言葉を味わい感じているだけですから。

すると、その身体の状態に意識が引っ張られます。つまり、自然と「豊かな意識」になるのです。

## 判断を迷わせる「常識」というワナ

エディー・ジョーンズ氏をご存知ですか？

ラグビー日本代表のヘッドコーチを務めたことのある人物です。２０１５年ラグビーW杯で日本代表は世界最強国の一つである南アフリカを倒して世界を驚かせましたが、その立役者です。

ラグビーに詳しい人ならわかると思いますが、当時「南アフリカに勝つ」ということは「あり得ない」というレベルで、詳しい人の99・９％はある程度の善戦はできたとしても勝てないと思っていたはずです。

私も学生時代ラグビーをやっていましたので、「どの程度善戦できるかな？」という感じでテレビを観ていたのを覚えています。なので、南アと接戦をしていることに正直驚きましたし、勝利が決まった時には思わず夜中に叫んでしまいました。それほどの驚きをもたらしたエディー・ジョーンズ氏ですが、最近読んだ雑誌のインタビューでこんな内容のことを語っていました。

エディー・ジョーンズ氏がヘッドコーチに就任した当初、多くのラグビー関係者は「身体が小さすぎる」から「日本は世界では勝てない」と言っていたそうです。

それに対して、エディー・ジョーンズ氏は、そんなことはわかっていて、**問題は「与えられたものをどう使うか」が大事だと語ります**。

身体の小ささは、スピードにつながる。持久力にもつながる。足りないものに注目しても、出てくるのは言い訳だけ。自分に与えられた武器は何かを考えることが大事だというのです。

そして実際にエディー・ジョーンズ氏は日本の強み、武器を徹底的に考え、そこを鍛え強化することで、誰もが「不可能」と考えていた南ア戦に勝利したわけです。ダメな部分をできるようにしよう、不足している部分を埋めよう、という発想ではなく、「武器や強みを見極めて、そこを伸ばし強化しよう」という発想で奇跡を起こしたわけですね。

そして実は、この**「強みを見極めてそこを伸ばし強化する」という方法が、その人の潜在能力を開花させ、さらに良い状態を引き寄せる有効なやり方の一つなのです。**

当たり前ですが、人間は皆一人ひとり違います。容姿も違えば、得意不得意、好き嫌いも人それぞれです。違って当然なのに、その違いを嫌がり、その違いをなくすことで他人と同じになろうとする人が実は多い。本当はひまわりなのに、「バラのほうがイメージがいい、バラのほうが幸せそうだ」、と勝手に思い込み、バラになろうとするような状態です。

で、いとも簡単にバラになれるのはバラだけです。なぜならバラは、最初からバラですからね。ただバラらしくありさえすれば、勝手に大輪の花を咲かせます。

そして人間も基本的にはこれと同じだと思っています。その人が本当の自分を自覚して、その自覚通りに生きることでおのずと上手くいく。

**本当の自分で生きるとは、常識や社会通念に基づいた「これが正しい、このほうが有利、こっちのほうが損しない」という判断を手放すことです。**

本当の自分がどう感じるか、で判断することです。

「本当は嫌なんだけど、本当は苦手なんだけど、成功するためには、幸せになるためにはこの苦手と不足を克服しなければ!!」なんて生き方をやめるということです。

あなたはどんなことに興味や関心があり、何をしている時に楽しさや喜び、充実を感じますか？　そこに本当のあなたを生きるヒントがあります。

そして、そのような喜びや楽しさに通じることをやっていると、それが勝手に得意なことになっていきます。

それが「好きこそ物の上手なれ」で、才能の開花です。

好きで得意なことをやっているという満たされた意識が、さらに満たされる現象を引き寄せます。つまり、他人からの評価が高まり、あなたの才能に感謝する人が増えるという現象です。

だから、本当の自分が求めていることに従うと、人、モノ、金は自然と満たされるようになるのです。

ですので、**無理して他の誰かになろうとしたり、苦手なこと、好きでもないことに頑張って取り組んだりすることを私はオススメしません。**それよりは、あなたが興味や関心を持っていることだったり、好きなことであったり、得意なことであったり、喜びを感じることを強化し、伸ばしたほうがいいんです。

## 胸の反応をセンサーにする

どちらが感情的に満足した身体の状態になるか、選択で悩んだ時にオススメの方法があります。

それは、**胸の反応に敏感になり、胸の反応が心地よいほうを選択するという方法です。**

なぜ胸かというと、その奥に心臓があるからです。

実は、心臓は、敏感な感情センサーでもあるんです。心臓には、「愛情を感じるために必要なホルモン」といわれる、オキシトシンが多量に存在しています。

心臓に愛情を感じるホルモンが多量に分布している、ということは、ある意味、「心臓が愛情を感じるセンサーの役割をしている」ということになるのです。

で、この愛情センサーの反応が、イコール感情的反応になっているわけです。
現に、感情表現をする時に「胸」を使うことが多いですよね。

胸がドキドキする
胸がワクワクする
胸が締め付けられる
胸が張り裂けそう
胸がムカムカする
胸騒ぎがする
胸をなで下ろす
胸がいっぱいになる
胸が高鳴る

などなど、いずれも感情的な反応は胸に顕著に出る、ということをいっています。

加えて、「胸に手を当ててよく考えてごらん」なんて言葉もあります。

この言葉を詳しくいえば、「頭ではそれが正しいと考えているかもしれないけど、本当にそれでいいの？　本当にそうしたいの？」という意味ですよね。

「あなたの愛情センサーは本当にそれでいい、って言っている？　よく反応を確かめたほうがいいよ」ということです。なぜなら、そこに本当のあなたが望んでいる選択の答えがあるからです。


だから胸の反応が大事なんです。

加えていえば、**あなたの胸の反応は、あなたの周りにも強く影響を与えています。**

ちょっと話が脱線しますが、地球の周りには左の図のような電磁場が存在しています。

それと同様、私たち人間の周りにもそのような電磁場があるんです。

そういう意味では、地球も、私たち人間も、休むことなく電磁場というエネルギーフィールドを形成し続けている、ということになります。

そして、私たち人間の電磁場のほとんどは心臓から発せられているのです。

## 地球電磁場の図

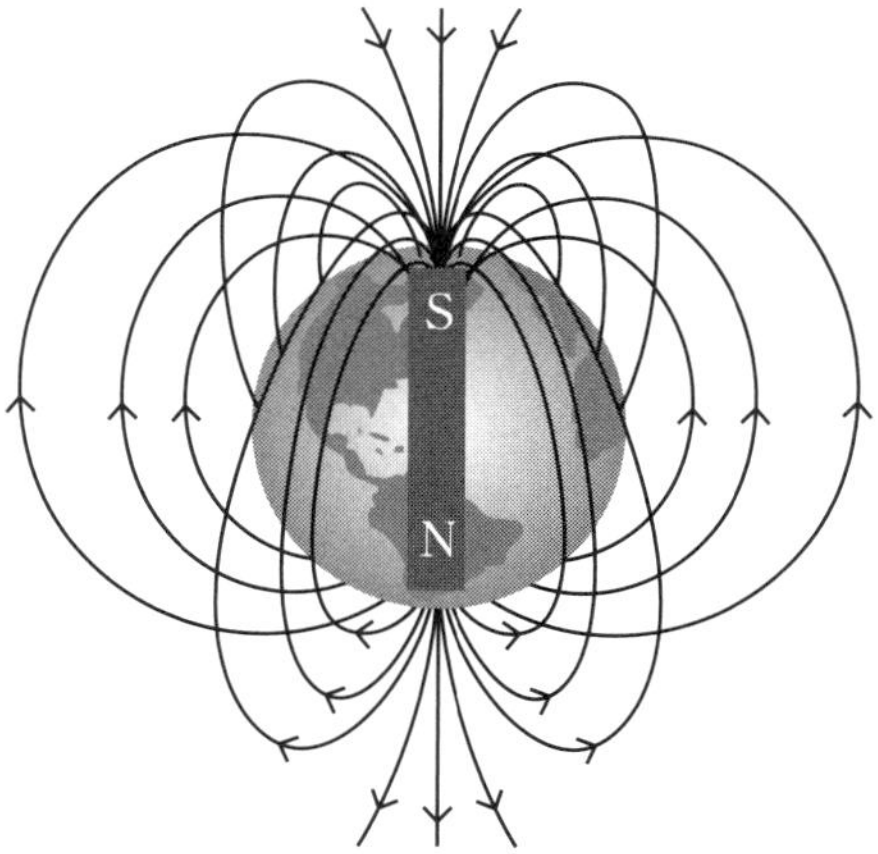


## 人間電磁場の図

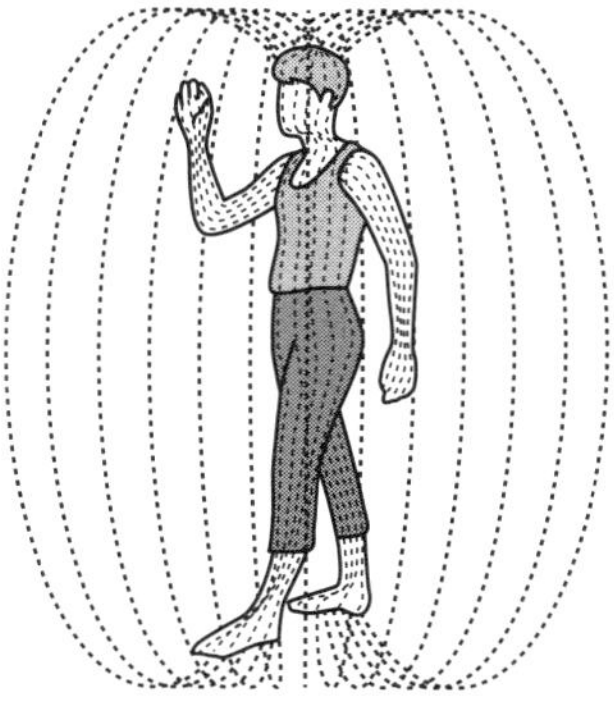

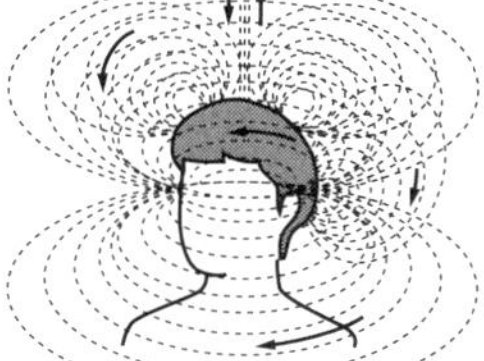

米国ハートマス研究所の発表によると、脳から発せられる電磁場と心臓からの電磁場を比較すると、心臓から発せられる電場は脳の60倍で、磁場は脳の５０００倍にもなるそう。

**つまり、あなたの周りにあるエネルギーフィールドは、あなたの心臓が作っており、そのエネルギーの影響を周りにも与えている、ということです。**

現に、米国で起こった9・11同時多発テロの際には、地球全体の電磁場が乱れる、という現象が人工衛星のモニターなどで確認されているそうです。

つまり、多くの人がテロの映像をニュースで確認し、感情が乱されることで心臓から発せられる電磁場も乱れ、それが地球の電磁場にも影響した、と考えられるのです。

あなたは、それほど強いエネルギーを、常に心臓から発している、ということです。そういう意味では、**あなたが常に胸がワクワクして、楽しくなるようなことをし**

**て、常に豊かで幸せな感じでいれば、そのような影響を周りも受けます。**

あなたが常に不安にかられイライラの状態で、常に欠乏感と不足感を感じていれば、そのような影響を周りも受けるのです。

よく考えてみてください。

「この人が来ると場が和む」という人もいれば、「あの人が来ると場がピリピリする」という人もいるでしょ？

なぜそうなるかというと、その人がそのようなエネルギーを放出しており、その影響を周りが受けるからです。ですので、そういう意味でもあなたの周りの環境（現実）はあなたが作っている、といえるのです。

であるならば、胸の反応が心地よい選択をし、そこから発せられ電磁場で周りの雰囲気もそのようにしたほうがいいですよね。

周りがそうなれば、あなたの状態もさらにそうなるし、その相乗効果でますますそれが拡大します。

## 溺れそうな人には、まず浮き輪が必要

講座やセッションなどでも様々なワークを通じて、「より望ましいほうに意識を向ける」という習慣化に取り組んでいます。

でも、「どうしても不安に意識が持ってかれてしまうんですー」と言う人も当然います。

**特に不安で多いのはお金に関するものです。**

「貯金がどんどん減っているんです！」
「借金が増える一方なんです！」
「毎月の支払いに追われているんです！」

こんな状態なのに、「豊かさを感じろ、豊かさに意識を向けろ」なんてことを言われても……。これは当然といえば当然のことです。

今、水の中で溺れかけている人に、「大丈夫、とりあえず安心してください」なんて言っても無理な話です。**そういう人にはまず「浮き輪を投げる」などの処置をして、浮き輪につかまることで安心してもらう必要があります。**

お金に関する不安についても実は同じ。まず「浮き輪」になるような処置をしたほうがいいのです。

例えば「毎月借金が増えていく一方なんです」という場合は、単純に収入よりも支出が多いからそうなるわけです。これは国がやっても、個人がやってもそうなります。そこには完全なる法則性があるからです。

現に日本は歳出（支出）が歳入（収入）を上回っているので借金まみれですよね。で、収入より支出が多い、という状態を改める方法は二つしかありません。

収入を増やすか、支出を減らすか、です。

当たり前すぎる、といえばそうなんですが、常にお金の不安に意識が持っていかれる、という人はこの「当たり前」に取り組んでいない人が実は多い。

**いろいろ言い訳して、収入を増やしたり、支出を減らしたりする取り組みをしてなかったりします。**


「本当にやりたいことだけやりたい」

「今住んでいるところ（地域、住まい）から出たくない」

「そんな仕事をしているのがバレたら恥ずかしい」

「人から上手くいっているように見られたい」


つまり、見栄や体裁などのエゴに捉われて収支のバランスが改善できず、その結果さらにバランスが崩れ続ける——だからさらに不安も増していき、不安に捉われ続けるというわけです。

もちろん徹底的に意識の向け先を改善すれば、「収支のバランスを改善する」なんてことに取り組まずとも改善はしていきます。ただし、それにはかなりのなりきる力と覚悟が必要です。

つまり、すでに今豊かなんだ、という状態を完璧に作ることができればそうなるのです。

でも、実際にここまで徹底できる人は稀。逆に中途半端に取り組んで、かえって悪化するなんてことにもなりかねません。

**なので、私の講座やセミナーの受講者でお金の不安が抜けない人にオススメしているのは、実際に収支改善に取り組む、ということです。**

具体的には、もっと家賃の低い住まいに引っ越すとか、もっと収入の多い仕事を見つけるなどです。そうすることで、実際に収支に余裕ができます。

収支に余裕ができると安心感が増していきます。そうすると、今すでにある豊かさだとか幸せなどに意識を向けやすくなり、それを実感する時間も増え、その結果、豊かさや幸せも増大していくのです。

ただ一つ注意が必要なのは、**不安がまったくなくなる、ということはないということです。**

あなたがどんなに豊かになっても、どんなに自由になっても、何らかの形で不安は付きまといます。この世は相対性の世界ですから、それがなくなることはありません。

ですので、考え方としては、不安の意識が1日24時間の8割を占めているのであれば、そのバランスを改めるということ。不安のタネを減らすような「浮き輪」を早く見つけて、それにつかまることで不安を減らすのです。

そうすることで不安意識の割合が4割にでも減れば、それに合わせて状況も徐々に改善していきます。

## お金の心配よりも、人生最大の心配を解消したほうがいい

「杞憂《きゆう》」という言葉がありますよね。

意味はご存知だと思いますが、「必要のない心配をする」という意味で、取り越し苦労と同じです。

で、杞憂という言葉は「結局は杞憂で終わる」というふうに使われることが多いようです。つまり、「そんなに心配することなかったね」、ということ。

なぜ、そのように使われることが多いかというと、そうなる結果が多いからです。

当たり前ですが、人は元来心配性ですから、その心配を和らげようと様々な工夫をこらします。

ドアに鍵をかける、貯金をする、保険に入るなんていうのも心配を和らげる工夫ですよね。

実際にそのような対策をすることで心配が和らぐのであれば、やらないよりはやったほうがいい。後で、「あー、あの時にやっておけばよかった〜」なんて悔やむのが心配なら、最初から何らかの対策を打っていたほうが当然いいわけです。

ちなみに、あなたは様々な心配を和らげるためにどんな対策を打っていますか？

いろいろやっているとは思いますが、多くの人が実は人生最大の心配事に対しては、結構なんの対策もしていなかったりします。

その、人生最大の心配事とは何か？

ズバリ言えば、**「機会損失」です。**

で、どんな機会を損失している心配かというと、本当に自分がやりたいことや、探求したいことをする機会を損失している、ということ。それが本当は「人生で最も心配したほうがいいこと」なのです。

なぜなら、その機会を損失することは、あなたが、あなたの人生そのものを後悔することになる可能性があるからです。

終末医療に携わる看護師さんに「多くの人の最期を看取ってきた経験から考えて、

人生の最期で感じる最大の後悔はなんだと思いますか？」とたずねると、異口同音に口にするのが「もっと自分の氣持ちに正直になればよかった」ということ。

本当は挑戦したいことや、もっと探求したいことがたくさんあったのに、あれこれ言い訳をして、結局やらずじまいで人生を終えることに人は強い無念を感じるそうなんです。

**つまり、自分の本当の氣持ちを押し殺して、やりたいことをやれなかったという後悔が、人生における最大の後悔なのです。**

「お金がかかるしね」
「時間がかかるしね」
「失敗したら嫌だしね」
「損するかもしれないしね」
「人から変に思われるかもしれないしね」

なんて言い訳してきたことで、本当に自分がやりたいこと、探求したかったことが結局何もできなかった……。

冷静に考えれば誰でもわかることですが、人生は時間でできており、過ぎた時間は二度と戻ってきません。

もはや伝説ともいえるスティーブ・ジョブズ氏のスピーチですが、彼はこんなことを言っています。

「あなたの人生という時間は限られている。だから、他の誰かの人生を生きるなどという時間はないんだ。

誰か他の人たちが考えた人生に従って生きるなどという教えにとらわれてはいけない。自分の内なる声を、他の誰かの意見で押し殺すなどということをしてはならない。

そして、もっとも大事なことは、自分の内なる声と直感に従う勇氣を持つことだ。どういうわけか、それらは、あなたが本当はどうなりたいのか、とうの昔からわかっているのだから。

他のことは全て、二の次でいい」

私たちが日常的に考える心配事は、お金、仕事、人の信用だったりしますよね。

でもこれも冷静になって考えればわかりますが、**それらは一時的に失っても取り戻すことは可能です**。

私もかつてそれら全てを失った時期がありましたが、ある意味で冷静になれたのは、「それらは、いずれ取り戻すことが可能」と思っていたからです。

そして実際に、今は失った時をはるかに上回るものを取り戻しています。

何もこれは「私だからできた」というわけではなく、誰にでも取り戻せるんですよ。だって、私は失ったお金を取り戻せるけど、あなたは絶対に取り戻せない、なんて法則ありますか？　そんな法則ありませんよね。

**あるとしたら、「絶対私には無理、取り戻せない」という思い込みだけです**。

そう思い込んでいるから、そうなる確率が上がっているだけなのです。

で、取り戻せない、もしくは取り戻しにくいと思っているがゆえに、本当に挑戦したいこと、探求したいことに取り組めないというなら、それらはほぼ間違いなく「杞憂」です。つまり、必要のない心配なのです。

こんなことを言ったら怒られるかもしれませんが、取り戻せるものを「取り戻せないかも」なんて心配するのが、そもそもナンセンス。それよりも、**本当に取り戻すことができないものを心配したほうがいいのではないでしょうか？**

つまり、その筆頭である「時間」。人生は時間でできており、その時間はやがて終わりを迎えます。それこそ、この原理は絶対法則であり、この法則から逃れられた人間はただ一人として存在しません。

というか、宇宙に存在する物質であれば、どれ一つとして逃れられない法則です。

地球でも、太陽でさえも、いつかは寿命を迎えます。

そう考えた場合、やっぱりお金よりも、モノよりも、人脈よりも、本当の自分が望んでいることを選択する時間のほうがはるかに大切ではないでしょうか？

つまり、**本当の自分を選択する時間をどんどん作っていくということです**。

結局、あなたが今抱えている多くの心配事は「杞憂」であり、それはすなわち取り戻せるものです。

取り戻せるものをひたすら心配し続けるよりは、本当に取り戻すことができない時間をいかに有意義に過ごすか、つまり、本当の自分が望んでいることに費やすかが大事です。

それが結局、本当の幸せに結びつくことになり、その幸せの意識がさらなる幸せを引き寄せるわけですから。


あなたには、本当はやりたいんだけど、本当はこれを探求したいんだけど、お金がない、時間がない、損するかもしれない、なんて言い訳を作って後回しにし続けていることはありませんか？

10代、20代のうちはまだいいかもしれないですが、年齢を重ねるうちに時間の過ぎるスピードは、どんどん速くなります。

小学生の時の1年と、40代になった時の1年のスピードは圧倒的に違うはずです。時間と時間を感じる感覚は相対的だからです。

そういう意味では、油断していると、しまいには本当にやる時間がなくなって、人生最大の機会損失が現実になってしまいますよ。

何も脅しているわけではありません。もっと冷静に、合理的になりましょう、ということです。

で、合理的に考えたら、絶対に戻って来ないほうを大切にしたほうがいいですよね。

そして、この絶対に戻ることのない時間を、本当の自分の望み通りに生きることが、本当の自分が望んでいる状態、つまり、豊かさや幸福をさらに引き寄せることになるのです。

# 潜在意識の書きかえを妨げる三つの思考

## 潜在意識の書きかえを妨げる思考1

## 過去の体験という呪縛

感情的に満足している状態を作る方法についてお話ししてきました。

ただその一方で「本当に望んでいる状態」を選択できない人がいます。

この章の最後に、そうした人が根強く持っている思考、陥っている思考についてお話ししましょう。

感情的に満足している状態を選択できない人が陥りがちな思考の一つが、**「自分が不幸で貧乏なのは、過去の体験が原因だ。だからその原因を取り除かないと……」**ということです。

確かに、全ての現象は何らかの原因から生じた結果であり、原因がなければ何事も生じないということは事実です。

これを因果律といいます。

あなたが存在しているという「結果」は、あなたのお父さんとお母さんが性交渉したという「原因」から生じたのは間違いのない事実です。ちと生々しいですが。

このように、今という結果があるのは、過去という原因があるからだとするのが因果律であり、これ自体は至極まっとうな法則です。そういう意味では、今のあなたの状態という結果は、過去のあなたの状態という原因があるから、ともなります。

でも、なんです。

そうなると、過去の原因はどうにも変えようがないので、今の状態もどうにも変わらない、ともなってしまいます。

そして、そういう話でよく出てくるのが、まさにお金のブロックの話です。

「私は子どもの頃から『お金持ちは悪いことをしている』と言われ続けてきたので、お金を稼ぐことに抵抗があるんです！　だからお金を稼げないいんです！」

**親から「お金は汚いもの」と言われ続けてきたという原因があるので、お金を稼げないという結果になっている、というわけです。**そのような原因があるので、今の私にはどうにもできない、という考えですね。これも一見至極まっとうな法則のように思えます。

でも、ぶっちゃけ言っちゃいますが、このような因果律は破綻しています。

なぜなら、子どもの頃から「お金持ちは悪いことをしている」と言われ続けてきた全ての人が経済的に苦しい状態なのか、というとそんな事実はないからです。

そう言われ続けてきても豊かな生活を送っている人は大勢います。要するに、そこに「必ずそうなる」という法則性はないのです。

言えることは、それを選択したか、していないか、という事実だけ。

ちょっとキツイ言い方かもしれませんが、親の言葉という原因を取り出し、「経済的に苦しい自分」を正当化しているのです。

つまり、**「経済的に苦しい自分」を、意識で選択している、ということです。**

繰り返しになりますが、量子力学的に考えれば、この世に決まっていることなど何もなく、確率からくる可能性だけの世界です。この世の本質である量子は、そもそも何も確定していない「エネルギー（波）」という状態であり、物体ではありません。そのエネルギー状態の量子を、物体（物質）に変化させるのがあなたの意識です。

つまり、あなたの意識状態で、量子の状態が確定するんです。今のあなたの意識状態で、あなたの現実という量子の状態は確定しているんです。

あなたの意識の9割が「欠乏」に向けられていれば、量子の状態の9割が「欠乏」

で確定していることとなります。

反対にそれが「豊かさ」であれば、9割の量子は「豊かさ」で確定しているとなるのです。

あなたの意識が、今ここで何を選択しているかだけなんです。量子論的に考えれば、「原因」はあなたの今や未来にまったく関係ありません。

逆に、原因探しに終始し続けることは、意識を不足や不安に置き続けることになります。それはすなわち「不足や不安が確定し続ける」ということです。

さらにいえば、原因探しにはキリがありません。

**一つ原因を取り除いても、また何か上手くいかないことがあると、「他にも原因があるはずだ」と探し始めます。**

それが永遠に続くわけです。実際にそのような「原因探しの難民状態」の人が、私のセッションや講座にもいらっしゃいます。

あなたは、ダメな部品を取り替えたら直る、というような機械ではないのです。意識で、今ここからの未来全てを確定することができる人間なんです。

ですので、**あなたは、あなた自身を、「ダメな原因を取り除いたら直る」という機械として扱うべきではありません。**原因探しをするよりも、今ここで、本当のあなたが望んでいる状態を選択すればいいのです。

「そんなこと言ったって、貯金ゼロでどうやって豊かさを感じればいいのさ!!」なんて文句を言いたくなる氣持ちもわかりますよ。

私にも苦しい時はありましたから。

でもこの仕組みに氣づいてからは、前で述べたように、できるだけ「今すでにある豊かさ」を意識して、それを身体全体で感じるようにしました。なぜなら、豊かさとか幸せとかは思考ではなく身体全体で感じることですから。それを自覚して、「今すでにある豊かさ」を選択し、それを身体全体で実感するのです。

そこから、豊かさや幸せの可能性が拡大していきます。

## 「思い込み」と「法則」を区別する

私は太っているから彼氏ができないんです……。
私は身長が低いので女性に見向きもされません……。
私は学歴がないのでお金持ちにはなれないです……。

いわゆる劣等感ですが、程度の差はあれ誰にでもあるものです。

**「私は、他と比べてこういうところが劣っているので、上手くいかない結果になる」**

という主張ですね。もちろん今まで実際に上手くいかなかったという経験があるので、このような主張になるということもあると思います。

でも本当にそこに因果関係があるのか、というと、ぶっちゃけありません。

太っていても彼氏がいる人は大勢います。
身長が低くても女性にモテる男性も大勢います。
学歴がなくてもお金持ちの人はたくさんいます。

ということは、そこに法則性はないことになります。

法則というと、ある一定の条件の中で、このような状態だと必ずこのような結果が生じる、というようなものですよね。時速50キロで止まることなく1時間走り続ければ必ず50キロ先に到達する、というのは完全な物理法則です。50キロで走る物体が車であろうと、電車であろうと、カタツムリであろうと、1時間後に50キロ先に到達することは決まっています。そこに完全な法則性があるからです。

そういう意味では、太っているから、背が低いから、学歴がないからこういう結果になるという主張は、完全に主観的な思い込み、ということです。

そこに誰がやってもそうなるという客観的な事実、法則性はまったくないですから。

でも、それをあたかも法則のように思ってしまっている人がいます。

法則なので、そうなると信じている。

だから信じた通りの結果になる、ということですね。

## 潜在意識の書きかえを妨げる思考2 今の自分に都合がいい

「本当に望んでいる状態」を選択できない原因として、実はもう一つ考えられる可能性があります。むしろ、こっちのほうが多いかもしれません。

それは、**完全な法則だと信じていたほうが、都合がいいという場合です。**

例えば、学歴がないからお金がない、という場合。

この場合、考えられるのは、まず学歴がないということでお金がない状態を正当化できます。さらにいえば、学歴がないので、「どうせやっても無駄」となり、今の状態を維持できます。もっと正確にいえば、**変化を起こすための挑戦をせずに済み、現状維持という一番ラクな状態でいられるのです。**

加えて、挑戦には失敗がつきものです。挑戦しなければ失敗せずに済みます。失敗しなければ、嫌な思いも、残念な氣持ちになることも避けられます。

このような理由から、学歴がないからお金がない、という人生をあえて選択しているのです。そういう意味では、望んだ通りの人生を生きている、となるわけです。

「何言ってるんだー！　そんなこと望んでない!!」と、口では言います。

でも、意識や行動の変化を促すと……、現実として意識も行動も変化させない、なんてこともよくあります。

## ラクばかりを選択すると楽しくないし、豊かにもなれない

どうして、こんなことになってしまうのか？

その一つが、「変化を恐れる」ということです。

どんな変化であれ、慣れている状態が少しでも変わると、それに伴う負荷がかかります。

普段日本で苦もなく車を運転できる人が、海外で左ハンドルの車を運転すると最初はものすごく緊張するし、氣を使うはずです。それはその人にとっては大きな負荷ですよね。

ですので、**正確にいえば、変化に伴う負荷を恐れているのです。負荷がないほうがラクですからね。**

で、人はいつからかこのような負荷を避け、ラクなほうばかり選択するようになります。そして、変化からくる負荷を恐れ、それを避けるようになると、大抵衰退に向かっていきます。会社でも、大企業となり、官僚的組織になり、前例を重視し、変化を嫌うようになると衰退していきますよね。それは人間も同じことです。

考えてみてください。

私たちは生まれながらに挑戦者です。赤ちゃんでも、動き出そう、立ち上がろうと常に挑戦しています。子どもも年がら年中勝手に楽しそうな遊びを作り、何かに挑戦していますよね。

そういう意味でも、人間は生まれながらに挑戦者なんです。

ですので、その挑戦をしなくなると、本来の人間としての本能的機能も落ちていきます。それは生き生きしなくなる、ということであり、イコール喜びや楽しさ、充実感を持ちにくくなるということです。

なんでもそうですが、挑戦して何かを成し遂げることで喜びや楽しさを感じます。子どもでも簡単に解けるパズルを何度もやりません。そこに挑戦がない、つまり、喜びや楽しさがないからです。

なので、**あなたがより生き生きとした楽しい人生を歩むには、あなたが本当にワクワクすること、楽しめること、喜べることにどんどんチャレンジすることが大切なん**

**です。**

そして、そのワクワクして楽しんで、生き生きした意識が、ますますそのような状態を作っていくんです。

あなたは、変化からくる負荷を無意識に恐れ、それを避けることで本当は望んでいない現実を維持しようとしていませんか？

あなたも本当に望んでいる人生は、ワクワクして楽しいことが続く人生のはずですよ。**あなたが望んでいるのは、ラクな人生ではなく、楽しい人生なのです。**

## 潜在意識の書きかえを妨げる思考3 「清貧」賛美

こんなことといったら、ちょっといやらしいかもしれませんが、私は今豊かです。

もちろん、私も人並みにお金の苦労を過去にしてきました。というか「人並み以下のさらに下」という状態も経験しています。

まー、それらが糧《かて》になって今の状態にたどり着いていますので、どれも必要な経験だったんですけどね。

私は確かに今豊かですが、かといって豪勢な生活をしているわけではありませんし、したいとも思いません。ある意味質素だと思います。

もちろん、必要なモノや欲しいモノは買いますが、衝動買いはしません。本当に必要なのか、自分らしさからズレていないか、ちゃんと吟味して買っています。

そして、お金を払う時は、そのお金が、それらを作った人や流通させた人などの生活を支えていることを実感しながら払います。そうするとお金を払うことで、とても豊かな氣持ちになるからです。

**この「豊かさ」を実感する感覚が、豊かさが続く循環を生むのだと思います。**量子力学的にいえば、豊かな意識が豊かな状態を確定させていくからです。

そして、多くの人は「もっと豊かになる」ということを目指しています。

ただ、「豊かさ」を目指すことで、「今は違う」という意識が確定するので、それだとちょっと違うという話は、前でもしました。

今回、その話はちょっと置いておきます。

多くの人が「豊かになりたい」と思っている一方で、「清貧」という言葉があります。貧しくても、清く生きる、という思想ですね。それはそれで素晴らしいですし、まったく否定はしません。

ただし、誤解して欲しくないのは、「貧しいこと＝清いこと」という感覚です。

なぜなら、「貧しい＝清い」であるなら、必ずその反対も意識しているからです。

**それは、「豊か＝汚い」ということです。**ここでの「汚い」は、「強欲」であったり、「卑怯」であったり、「横柄」であったりするかもしれません。

もちろん、お金をたくさん持っている人の中にもそういう人はいるでしょう。でも、そういう人は貧しい人の中にもいます。そういう人は貧富の差に関係なく、どこにでもある程度はいるのです。

にもかかわらず、無意識に「豊かな人＝横柄＝そうなりたくない」なんて思っていませんか？

それは、**それこそ無意識に豊かさを拒否していることになります**。その結果、豊かさとは無縁の現実が確定するというわけです。

ですので、清貧という思想はもちろん素晴らしいですが、清貧を賛美するのはどうかと思います。知らず知らずのうちに、「貧しいことが素晴らしい、そして私は貧しく素晴らしい!!」となってしまうからです。

実際、豊かでも清く、質素に生きている人はたくさんいますし、現実は、豊かな人ほどそういう人が多い。だからあなたも決して誤解はしないでくださいね。

**もちろん「清貧」のほうが「強欲」よりはいいですが、「清豊」だったらもっといいじゃないですか!!**

あなたが、清く、豊かで、質素に生きたいのであれば、今すぐにでもそうなってください。なぜなら、そのような生き方は今からでもすぐにできるからです。身体全体で豊かさを感じながら、清く、質素に生きればいいだけですから。

# 第4章

# 幸せなお金持ちが実践していること

# お金持ちがこっそりやっている習慣とは？

私はこういう仕事をし始めてから、すでに成功している人にもたくさんお会いするようにもなりました。

そういう人たちの中でも、幸せそうな人たちは、たいていあることに氣づいています。

何に氣づいているかというと、「逆だ」ということ。

何が逆かというと、人、モノ、金が集まるから幸せになるのではなく、先に幸せになると、自然と人、モノ、金が集まるようになる、ということです。

そういう人たちは経験的に「なぜかそうなっている」と自覚しています。

で、そういう人たちが、「なぜそうなるのか科学的な裏付けを知りたい」との理由で、私の講座を受けてくださったりします。

そういう方が講座を受けて、「幸せが先」ということへの確信が高まり、さらに具体的な方法を学ぶと、そこからさらに、私もビックリしてしまうような、すごい状態を引き寄せたりします。

ほかにも日本や世界のお金持ちのエピソードや言葉を見ると、ここまで解説してきた量子論・脳科学的「お金」と「幸運」の引き寄せの仕組みを理解しているのではと思うことがいくつもあります。

この章では、そうした幸せなお金持ちのエピソードを紹介しながら、「お金」と「幸運」の引き寄せをどのように実践しているかを解説していきましょう。

大富豪だからといって、特別なことをしているわけではありません。ここまでお話ししたことを、ちょっとした習慣にして続けているだけなのです。

# 196

## 収入がどんどん上がる人のある共通点

ある経済系の雑誌に、ヘッドハンティング会社の社長さんのコラムが掲載されていました。

その会社は主に企業幹部を対象に、マネジャーや経営者などのポジションを斡旋《あっせん》、紹介する事業をやられているようです。そうなると当然高年収の層が対象になります。

**面白いと思ったのは、その社長いわく、年収1500万円を超える層には共通点があるという話でした。**

ちなみに国税庁の平成29年分民間給与実態統計調査によると、年収1500万円を超える層は日本全体の1・2%しかいないそうです。1・2%ということはある意味で「普通ではない非常に限られた層」ですよね。

さて、共通点というのは、その会社は、そのような層に対して仕事を斡旋するのですが、そういう方々は「あまり転職先の年収にはこだわらない」という傾向があるそうです。「キャリアアップ＝転職して年収をどんどん上げていく」というイメージがありますが、実際には転職先の年収には、それほどこだわらないといいます。

その代わりにこだわるのが、**「チャレンジングで、ワクワクできる仕事に取り組めるのか」**ということ。

極端な話、「これは面白そう、ぜひチャレンジしたい」となったら、現在の年収2000万円が半分の1000万円になってもOK。つまりお金は二の次で、それよりも「チャレンジングで面白いのか、ワクワクできるのか」ということを大切にしているのです。

そして実際にそのような転職をした人は、結果的には前職の年収をだいたい上回るといいます。年収2000万円の人が1000万円の会社に転職しても、結果的に年収3000万円になってしまう、ということです。

考えてみれば、日本で成功して、大リーグに挑戦するプロ野球選手でも年俸が下がってしまうことがありますよね。

それでも「もっとチャレンジングな環境で自分を試したい」と大リーグという環境に飛び込むのですが、最終的には日本のプロ野球時代よりもはるかに多額の年棒を得ることがあります。

**年収を上げたいのであれば、年収にはこだわらず、チャレンジングで面白い、ワクワクできる仕事をする、ということが大切です。**

実は、私の経験も、ほぼこれと同じような流れでした。

私も独立前は大きな会社に勤めており、ある程度の収入を得ていました。

ただ、「このまま漫然と生きていては死ぬ時に後悔する」と思い立ち、会社を辞めます。

これで年収0円という極端な下げ幅を経験しました。自分で言うのもなんですが、これも相当なチャレンジです。

でも、当然このままだと生きていけませんので、「お金を稼がねば!!」といろいろやり出して必死に頑張るのですが、会社員時代の年収には到底及ばず苦しい状態が続

きます。

そして、ある意味開き直り、「もういいや、ワクワクして楽しそうなことだけやろう」と思い立って、今やっているこの仕事を始めたわけです。

**そうしたら、あれよ、あれよと会社員時代の年収をはるかに超えてしまいました。**

つまり、私も知らないうちに「1・2%の層」と同じことをやっていたんです。

遠回りはしましたが、年収にこだわらず、チャレンジングでワクワク楽しいことをしていたら、結果的に年収が上がったのです。

「1・2%の層」と同じことをやっていた

ら、結果的に「1・2%の層」になったんです。

## 内側が整うと外側が整う

「月収が○○円だったらな〜」なんて望みがありますか?

これは「これぐらいお金があったら私はもっと幸せになれる」と想定しているので、そのような望みを持つわけですよね。

つまり、「お金という自分の外側が整ったら、感情という自分の内側が整う」と思っているわけです。

多くの人は幸せになるために、**「まずは自分の外側、つまりお金の環境を整えよう」**と必死になります。

外側に一生懸命働きかけて、なんとかしてお金を手に入れようとするのです。

でも、多くの場合はなかなか上手くいきません。

そして、落ち込み、悲しみます。
私も、かつてそのような経験をたくさんしました。
頑張っているのに報われないし、満たされない。

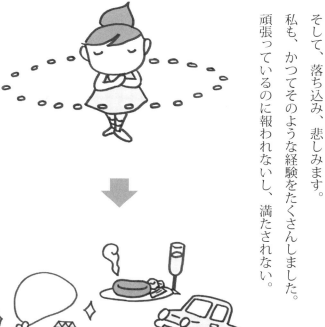

で、私は頑張るのをやめました。

前の項でお話ししたように、頑張るのをやめて「なんか面白そう」「やってみたい」と思うことに取り組むようにしたんです。

それが「意識の現象化」、つまり「引き寄せ」だったり、量子論だったり、脳科学だったりしたわけです。

そして、その学びをもとに、いろいろ取り組んで実践していくうちにあることに氣がつきます。

「あれ、もしかして今まで逆をやっていたんじゃないの？」ということにです。

つまり「外側が整うと内側が整う」と思っていたけど、これがそもそも逆ではないか、ということに氣がついたのです。

実際は**「外側が整うと内側が整う」ではなく、「内側が整うと外側が整う」です。**

「内側を整える」というのは「感情的に満足する選択をしていく」ということです。

そうすると、その内側に呼応するように徐々に外側も整います。

やってみるとわかりますし、量子力学の原理や脳科学的に考えてみても、内側が先で、外側が後です。

年収1500万円を超える「1・2%の層」の人がやっている「自分自身が喜べる」「ワクワクできる」「より楽しめる」という環境を選択した結果、さらに年収が上がるという結果がついてきた、というのもこれ。

満たされた意識状態に合わせて、さらに外側の状態も満たされるのです。

## 幸せな成功者はBe → Do → Have

ビートルズの名曲「Let it be」。

きっとあなたも一度は聞いたことがあるはずです。

というか一度も聞いたことがない、という人を探すほうが難しいかもしれませんね。

それほど多くの人に知られている名曲です。

ところで、このLet it beって、どういう意味かご存知ですか？

訳し方は様々ありますが、ニュアンス的には「ありのままで」という感じがいいと思います。Let it beの「be」は存在とか状態を表す動詞なので、その存在のままでとか、その状態のままで、という感じがピッタリです。

で、「ありのままで」という言葉で思い出すのが「アナと雪の女王」の「Let It Go」ですよね。

こちらの曲も世界的に大ヒットしました。

Let it beとLet it goは似ていますが、見ての通り、動詞の部分が違います。

Let it goの「go」は動作を表す動詞なので、少しニュアンスが違います。

こちらも訳し方は様々ありますが、歌詞の内容からすると「好きなようにする」という感じ。

なので、ニュアンスとしてはLet it beのほうがより「ありのままで」という日本語に近い感じなんですよね。

まー、そんな細かいこと氣にしないでいいのですけど。

ただ、**私個人としては「go」という動作（行動）よりも、「be」という、まず「存在としてどうあるか」のほうが大事だと思っています。**

なぜなら、そもそもどのような状態でありたいのか、どんな存在でありたいのか、を認識しているかいないかで、その後の行動が変わるからです。

でも多くの人は、そもそも自分がどんな存在でありたいのか、どんな状態を本来望んでいるのか、なんて自覚していません。

そういう自覚をしないまま、ただ闇雲に行動、つまり「go」や「do」をしています。

そして、その場合の行動は、大抵「have」にフォーカスしています。

つまり、**何かを持つ（have）と、何かができる（do）ようになり、その結果幸せな状態（be）になる、という思考です。**

そのhaveには、人、モノ、金はもちろんのこと、地位や名誉なども含まれます。

それらが手に入ると、いろんなことができるようになる、その結果自分が望んだ状態になる、つまり幸せになる、ということですね。

一見至極まっとうで、当たり前と思えます。


でも、先ほどから言っている通り、実は逆です。

**逆という事は、順序がまるっきり反対、ということです。**

つまり、自分にとっての幸せな状態（be）を自覚し、今ここからすでにそうあろう（be）とする。そして、その状態を増やすための行動をする（do）。そうすると、結果的に人、モノ、金などのhaveが満たされるようになる。


前の項目でお話しした、年収1500万円を超える層の思考と行動のパターンもまさにそうでしたよね？

つまり、**幸せな成功者は、思考と行動のパターンがbe→do→haveという順序**

**です**。

本当の自分が望んでいる状態、すなわちそれが幸せな状態ですが、今ここからすでにそのような状態になってしまえば、自然と意識も「幸せ」に向かい続けることになります。

そして、そのような意識状態でいることは、ますますそのような現実が確定し続ける確率が上がる、ということになるんです。

あなたは、have が満たされないと幸せになれない、と勘違いしていませんか?

本当は逆なんですよ。

どのような意識状態であれば本当の自分が満足するのか、すなわち幸せなのかを自覚し、今ここからなるべくそうあろうとすること。

そして、そのような意識状態をさらに増やすための行動をすること。

それらを通じて have が満たされていくのです。

## 本当の自分を生きることのすごい効果！

あなた自身を幸せにする最も簡単な方法が、本当の自分の氣持ちに正直になるということです。

それはつまり、**あなたが興味関心のあることに素直に取り組んでいく**、ということであり、何か違和感を持つことは、**何に違和感を持っているのかを探る**ということです。

それが本当の自分を生きることであり、前の章でも述べましたが、そのように生きることが人間にとって最高に幸せなことです。

実際に、私の身近な成功者ばかりでなく、誰もが知っているような著名な成功者もほぼ同じような流れで結果的に「have」を手に入れています。

グーグルといえば今やインターネット界の巨人ですが、創業は今からほんの20年前の1998年です。

そのグーグルの創業者の一人がラリー・ペイジ氏ですが、彼は子どもの頃から「発明をしたい、発明で世界を変えたい」という願望を持っていたそうです。

そして大学院時代にたまたま革新的な検索エンジンの仕組みを思いつき、それを具現化すべく起業します。

で、それが起業からたった2年後の2000年には、世界最大の検索エンジンとなってしまったのです。

ただ彼は収益には無頓着だったので、それを心配した投資会社がプロの経営者をグーグルに送り込み、その結果2004年に株式公開を果たすことで、億万長者になったわけです。

もう一人、意外かもしれませんが、米国大統領であるドナルド・トランプ氏も実は「お金のためにビジネスをしているわけではない」と言っています。

トランプ氏はいわゆる「不動産王」ですが、彼はお金のために不動産を購入するというよりは、大きな取引をすることにスリルと喜びを感じており、それが結果として莫大な富を生んだといいます。

彼は今や世界各地にホテルやカジノを持っていますが、彼自身はギャンブルを好まないばかりか、酒やタバコもやらないそうです。今や国家間の取引がスリル満点で楽しいのかもしれませんね。

このように、世界的な大富豪を見てもほぼ同じです。

つまり、**自分の氣持ちに正直になって、単純に自分が喜びや楽しさを感じることをやり、その結果本来持っている才能、天才性が開花し、それが多くの人から受け入れられ、感謝されることで、結果的に多くの「have」を手にしています。**

## 超お金持ちが、お金持ちであり続ける習慣

お金持ちの人たちは意識を「ある」や「良い」に向け続けるための独自の習慣を持

っています。

ラジオパーソナリティーや映画の評論家として有名な有村昆さんをご存知でしょうか？

実は有村さんは自他ともに認める超お坊っちゃま。お父さんがホテル数で世界第2位のホテルチェーンの副社長、お母さんが有名なシャンソン歌手というご家庭の生まれです。

そのお金持ちぶりの逸話が面白くて、マレーシアに住んでいた時はマレーシアの王族が誕生祝いに来てくれたり、子どもの頃のお小遣いは無限、お年玉は１００万円、住み込みのお手伝いさんが何人もおり、靴下も履かせてもらっていたとか。

この話は、たまたまテレビで見たのですが、その中で私が特に感心したのはご家族の習慣でした。

それは、有村さんが毎日のようにご両親から聞かれたのが**「今日はどんないいことがあった？」という質問**。毎日聞かれるので、有村さんも自然と「良いこと」に目がいくようになったそうです。

つまり常に「良いこと」を意識する、という習慣が自然に身についたということです。

ある財閥系の一族の方が、私の講座を受講された際にうかがったのですが、財閥系の一族はそのような習慣を持っているところが多いそうです。

その人自身も、子どもの頃に両親からいつも「今日は何が良かった？　どんな良いことがあった？」と聞かれたそうです。

実は、私の講座でも、この「どんな良いことがあった？」という質問を毎回、毎回講座の最初にやっています。

講座は月に1回なので、この1カ月を振り返ってどんな良いことがあったのか、ペアのワークで確認してもらうのです。

なぜこれを毎回やるかというと、これも**「良いこと」を意識する習慣化と、良いことが起きているという実感を高めるためです。**

多くの人は不足、不満、不安などに意識が向きがちで、それを意識するので余計に

それが拡大する、という現象を引き寄せがちです。**つまり負の現象を引き寄せるというスパイラルに陥りがち。**

突き詰めると、この世は素粒子とエネルギーでできていますが、厳密にいえば素粒子もそもそもエネルギーです。ただその素粒子は人間の意識が介在した時点でエネルギーという「波」の状態から、「粒」という物質の状態に変化します。

そして、素粒子が「粒」になった時点で、その素粒子の時間と位置が決まるのです。

そう考えた場合、あなたが「不足」を意識していれば、その意識で素粒子の時間と位置が決まりますし、それは「幸せ」の場合も同様です。ですので、意識を常にどこに向けているのかが大事なのです。

そういう意味では、有村さんのご両親は有村さんが常に「良いこと」に意識がいくように習慣化させたのだと思います。

もちろん、それがさらに良い状態を引き寄せるということを経験的に知っているのでしょう。これぐらいの超お金持ちになると、このような「仕組み」は自然と理解しているはずですから。

そして、**そうした小さな工夫が、超お金持ちと一般人との大きな違いだったりします。**

## お金持ちの家にないものとは？

そして実は、モノの所有状況にも経済的なゆとりがかなり反映されていたりします。

何も、お金持ちのほうが高級品をたくさん持っているという話ではありません。

例えば、映画やテレビドラマのセットで、お金持ちの部屋のセットを作る時は、「なるべくモノを置かない」というセオリーがあるそうです。すると、すっきりしてきれい、そして空間的にも余裕がある感じになりますよね。

実際に**経済的に余裕のある人が住む家にはあまりモノがないといいます**。もちろん、家が広く収納スペースがたくさんある、ということもあるかもしれません。

ただ、生前整理や遺品整理の仕事をしている友人に聞いても、「お金持ちの家ほどモノがない」と言っていました。

「お金持ちの家＝あまりモノがない」というのは、傾向として、そうなのではないかと思います。

逆に、経済的に余裕のない家ほどモノで溢れかえっている状態です。それが極まった状態がゴミ屋敷。

たとえ大きな家に住んでいたとしても、経済的に困窮している状態の家にはモノが溢れている状態が多いそうです。

なぜこのような傾向が生まれるのか。簡単にいえば、これは心の状態の傾向です。心の状態が「余裕」か、「欠乏」か、でこの違いが生まれます。

**心の状態に余裕がある、つまり豊かな意識状態の人は、それほどモノに固執しません。**

「いつでも手に入る」という余裕があるので、不要と感じるものはすぐに手放します。また、心に余裕があるので「自分にとって本当に必要なモノなのか否か」という判断もしやすい。

その結果、余計なモノが減り、家からモノがなくなっていく――それで家の中がスッキリして、きれいというわけなのです。

一方で、**心の状態が「欠乏」で占められている人は、常に「失う恐れ」に意識を置いています。**

本当はいつでも手に入るモノなのに、「もったいない、とっておこう」と言ってどんどんモノがたまっていく。

もちろんモノを大切にする意識は大事ですが、そういう人に限って別にモノを大切にするわけではなく、ただとってあるだけだったりします。

こういう状態は完全にモノへの固執、執着であり、モノに依存しています。

失う恐れを埋めるためにモノに依存し、ため込んでいるわけです。

でも結局その恐れは埋まらないので、またひたすらモノをため続ける……。

これをひたすら繰り返し、どんどん困窮していきます。

つまり、経済状態が「余裕」という人は、心の状態も「余裕」なので、さらに余裕がある状態になる。

経済状態が「困窮」という人は、心の状態も「困窮」なので、さらに困窮する状態になる。

**心の状態、つまり意識をどこに置いているのかの違いだけなのです。**

「お金持ちはすでにお金持ちだから心に余裕があるんでしょ？　そんなの当たり前じゃん!!」

そう思う氣持ちもよくわかりますが、最初に意識ありきです。

そして、これは何もモノだけの話ではありません。

あなたが毎日無意識でやっている行動や習慣、仕事にも同じことがいえます。

あなたが無意識に何氣なくやっていることでも、そこには確実にその行動を起こすための「前提の意識」が存在しています。

つまり、**その前提の意識が欠乏、不安、恐れなのか、楽しさ、喜び、豊かさなのかで結果が大きく変わるのです。**

意識している時点で素粒子の位置と時間はすでに決まっているからです。


セッションや講座の中でも、何氣なくやっている習慣や仕事の前提の意識を洗い出したりしますが、結構「恐れや不安ベース」が多かったりします。

実は習慣のほとんども、そもそも「恐れや不安ベース」だったりします。

例えば、毎日満員の通勤電車に乗るのも、「そうしないと遅刻する」という不安前提だったりするはずです。

「みんなで、おしくらまんじゅうをするのが大好きなんです！」なんて人は皆無でしょう。

ですので、**モノにしても、どういう前提の意識で、それを持っているのかが重要だし、習慣にしてもどういう前提の意識で、それをやっているのかが重要です。**

そして、恐れ、不安、欠乏ベースの意識はなるべく手放していき、楽しさ、喜び、豊かさベースの意識を増やしていく。

そうすると状況が改善していきます。

もちろん不安や恐れを埋めるための習慣を手放すことは勇氣のいることです。でも、そういうことに勇氣を持ってチャレンジした人からどんどん引き寄せは加速します。

一度あなたが持っているモノ、習慣、行動を見直してみてください。

それが、そもそもの欠乏や困窮の原因かもしれません。

## 今すでにある「豊かさ」も拡大していく

マザー・テレサはご存知ですよね。

マザー・テレサといえばその生涯を貧困と飢えに苦しむ人の救済に当たった偉人の一人です。

飢えと貧困に苦しむ人々の救済に当たり続けたということは、ある意味で人類の負、闇の部分を見続けた人ともいえます。

私たち日本人が想像もできないような、悲惨、不合理、苦しみに向き合い続けたはずです。

でもその一方で、マザー・テレサは、その貧困や飢えをなくそうとは思っていなかったと思います。

それよりは、**「どうしたらもっと豊かになるか」に意識を置いていたはずです。**

それはマザー・テレサの「反戦集会には行かないけど、平和集会には行くわ」という発言に現れています。

たった一言ですが、マザー・テレサの意識がよく現れていると思います。

と同時に、マザー・テレサは意識と現象の関係もよく理解されていたと考えられます。

ちょっと考えてみてください。

反戦集会を開催しようという前提の意識は「戦争が起きるかもしれない」という恐れにフォーカスしていることになります。

**つまり、戦争に意識というエネルギーが注ぎ込まれていることになります。**そうすると、戦争が起こります。

結果として反戦運動が戦争を起こすこともあるのです。

だからマザー・テレサは「反戦集会には行かないけど、平和集会には行くわ」と言ったのでしょう。

話を「豊かさ」に戻しますね。

マザー・テレサが「どうしたらもっと豊かになるか」と本当に意識していたかどうかはわかりません。

ただ、反戦集会に対する発言などを見ると、「そうに違いない」と思うのです。

この「どうしたらもっと豊かになるか」の前提の意識は何でしょう?

**この言葉を細かく分解すると、「今も豊かだけど、さらに豊かになるにはどうすればいいか考えよう」ということです。**

つまり、今すでにある「豊かさ」を意識していたわけです。

だから実際に彼女のところにはいろいろなところから寄付が集まり、より多くの人を救える「豊かさ」が集まり続けたわけですね。

逆に、貧困や飢餓をなくそうと躍起になっていたら、彼女のところにはそれほど寄付が集まらなかったのではないかと思います。

さらにいえば、この世は全て相対性で成り立っているので、逆の現象をなくそうとしても絶対になくなりません。

それは「磁石のN極が嫌いだから切り取ろう」としていることと同じ。N極を切り取っても、その瞬間からN極ができるでしょ？


なので、それはそれである意味「仕方のないこと」として受け入れる。

そして改めて、自分が本当に得たい状況に意識を置く、ということが大切です。

もっといえば、心身ともに豊かさを感じている状態になる、ということです。

そうすれば、さらに豊かさが加速していきます。それが「意識した時点で確定する」とする量子の世界だからです。

実際にあなたはどうですか？　すでに十分豊かではないですか？

マザー・テレサが直面していた状況の人たちと比べたら、私たちは天国のような状況のはずです。

なので、私たちは今ある豊かさを十分に感じながらさらに豊かになり、現在貧困に苦しんでいる人たちがどうすればもっと豊かになるかを考えられたらいいですね。

そうすれば、世界全体がもっと豊かになるはずですから。

マザー・テレサは、こんな言葉も残しています。

「今この瞬間、幸せでいましょう。それで十分です。その瞬間、瞬間が、私たちの求めているすべてであって、他には何もいらないのです」

やはり、今この瞬間にそうなることが大事なのです。

## 「笑う門には福来る」は機能する

山田隆夫さんをご存知ですか?

長寿番組「笑点」(日本テレビ系)で座布団を配っているタレントさんとして有名です。

もう30年以上も笑点で座布団配りをやっているというから驚きです。

30年も座布団配りをしているということは、収入面でも結構大変なのでは、なんて思ってしまいます。

だって座布団配りだけで、それほどギャラをもらえるとは思えませんから。

でも実際のところは違います。

山田さんはかなりのお金持ちで、家も4階建ての豪邸だとか。

「えー、『笑点』ってそんなにギャラいいんだー!!」なんて思ってしまいますが、さにあらず。

不動産経営による収入が大きいそうで、都内にマンションを持っているというのです。

山田さんは、10代の頃「ずうとるび」というアイドルグループの一員で、人氣がありました。

初めて不動産を購入したのも10代で、17歳の時というから驚きです。

そして、幸運なことに購入した土地の価値が跳ね上がり、現在のような状況にまで至ったとのことです。

「まー、なんとラッキーな〜」なんてうらやましくなりますが、幼少の頃から苦労人だったといいます。

山田さんのご実家はもともとお金持ちだったそうですが、詐欺被害にあって土地を全部取られてしまい、辛い生活を味わったそうです。

貧しかったため家庭に笑いがなく、それが子どもながらにとても悲しかったそうです。

なので、山田さんご自身は、いつもおどけてニコニコしていたといいます。

この、いつもニコニコ笑顔でいることが山田さんに様々なラッキーをもたらします。

今座布団配りをしている「笑点」で、子どもの頃に「ちびっこ大喜利」のメンバーとして抜擢され、その後アイドルグループ「ずうとるび」でデビュー、紅白にも出場します。

その後、仕事が激減するなど紆余曲折ありますが、基本的にはいつもニコニコ笑顔で乗り切ります。

すると、子どもの頃に出た「笑点」から「座布団配りをやらないか？」と声がかかり、なんとスピルバーグ監督から映画出演のオファーや、不動産投資のラッキーも重なり、結局上手いこといってしまう。

このようなラッキーも山田さんいわく、「辛い時にも笑顔を忘れず、ニコニコしていたから」だそう。まさに「笑う門には福来る」の体現者です。

実際のところ、笑顔でニコニコしていると、意識は不安や恐れに向きにくくなりま

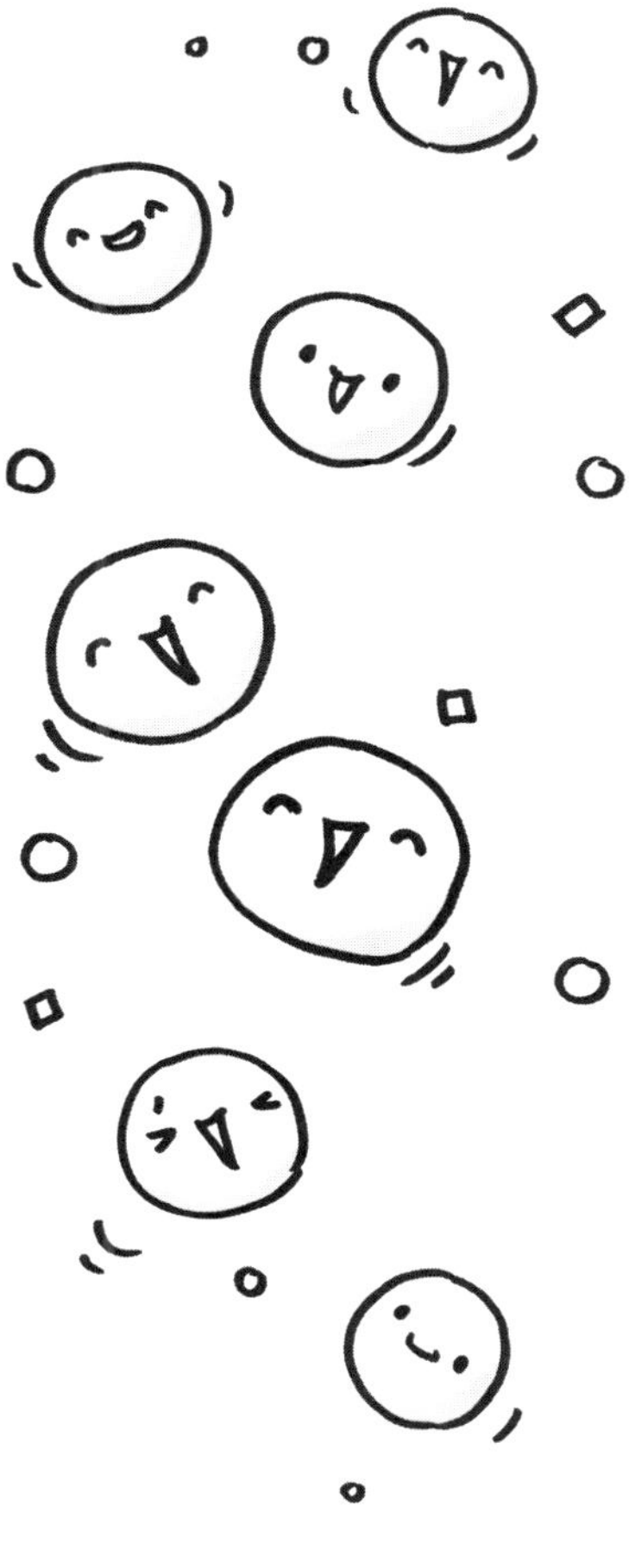

す。

**意識と身体は連動しているので、顔が喜びや楽しい状態だと、意識も自然とその状態に引っ張られてしまうからです。**試しに、顔を上げて、胸を張って、笑顔になりながら、ものすごく不安なことや嫌なことを思い出してみてください。

結構、難しいはずです。

**これは、身体がとてもいい状態なので、どうしても意識がそちらに引っ張られるからです。**

そして、意識がいい状態に引っ張られれば、当然、量子の状態もいい状態に偏在し始めます。

なぜなら、意識が介入した時点で量子の状態が確定するからです。

さらにいえば、脳のフィルター機能（ＲＡＳ）は意識したものだけ捉えますので、より多くの「いいこと」を見て、聞くようになります。

それがループとなって続いていき、結果として、良いことがドンドンやってくる、つまり「笑う門には福来る」の実現となるわけです。

あなたは、あなた自身の表情を常に意識していますか？

ほとんど意識していないと思いますが、意識していないということは、その表情を作っているのは無意識（潜在意識）です。

で、特に意識していない表情が「浮かない感じ」だったり、「虚《うつ》ろな目」だったりする時は、100％意識もそちらの方向にいっています。

ということは、量子もそちらに偏在し、脳のフィルターもそれを捉え続けていることになっています。

**誤解して欲しくないのは、悲しいのに、怖いのに無理やり笑顔を作れ、といっているのではないんです。**

逆に、悲しいなら悲しい、怖いなら怖いとその感情をしっかり味わったほうがいい。

そのほうが、むしろその感情から離脱しやすくなります。ですので、ある程度負の感情もしっかり味わった上で、もう自分ではどうしようもない状態であれば、とりあえず笑う。

どうしようもないからといって冴《さ》えない表情でいると、また冴えない状態を引き寄せてしまいます。

## いくつになっても輝いている人の特徴

日曜日の夜は大抵「世界の果てまでイッテQ！」（日本テレビ系）というテレビ番組を見ながら子どもたちとゲラゲラ笑っています。

以前に、出川哲朗さんとデヴィ夫人がメキシコに行ってカレンダー用の写真を撮る、という企画がありました。

そこで様々なことにチャレンジしていたのですが、その一つに「１００メートルの崖をロープで降りる」というチャレンジがありました。

デヴィ夫人は高所恐怖症とのことで、当初は「崖の上に立ったら腰を抜かす」と言っており、出川さんも心配していた様子でした。

無理もないですよね。御歳77歳（２０１７年当時）ですし、私の親と同世代ですから、とてもそんなことができるなんて私にも思えません。

でもデヴィ夫人は迷うことなく果敢にチャレンジし、なんと１００メートルの崖を降りきってしまいます。

77歳の女性が、ですよ。

それを見た出川さんは、「いや～、本当にすごい、こんな77歳はいない」と感服するのですが、それに対してデヴィ夫人がこんな内容の一言を返します。

「誰かにできるなら、自分にもできないわけがないでしょ。歳をとることよりも、挑戦しなくなることのほうが怖いのよ」

何氣なく発した一言ですが、私はこの言葉にとても感動しました。

と同時に、このチャレンジ精神が夫人の若さの秘訣であり、頭脳の明晰さ、元氣さにもつながっているのだろうなー、と思いました。

誰でもそうですが、年齢を重ねるにつれて、ある程度の安定を求めるようになります。変化を嫌い、安定した状態を維持しようとつとめるようになるのです。

それはそれで必要ですが、氣をつけないといけないことがあります。

**その「安定を維持したい」という欲求が、本当の自分の望みを押し殺す場合があるということです。**

本当の自分の望みを押し殺し、ただ安定だけを求め始めると、大抵は衰退していきます。

企業にもそんな傾向がありませんか?

創業当初はチャレンジ精神旺盛で手当たり次第に挑戦しますが、大企業になって組織が官僚的になるにつれ失敗を恐れるようになり、前例を重視し、新たなことに挑戦しなくなる。

そうするといつの間にか企業全体が衰退し始め、やがて経営危機に……。

対策をなんら打たずにそのまま放っておけば倒産してしまいます。

## 守りながらもチャレンジし続ける

その一方で、創業何百年を超える「老舗《しにせ》」といわれる長寿企業もありますよね。

そのような長寿企業は大抵、新しいことに常に挑戦し続けている、という傾向があります。企業の軸となる「理念」を大切に守りながらも、果敢に新しいことにチャレンジしています。

つまり、**「変えるもの」と「変えないもの」を明確に区別し、「変えるもの」はどんどん変えていく**。

例えば、ようかんといえば「虎屋」が有名で、創業500年を超える超長寿企業の一つです。

それだけの歴史があると、伝統の味を守り続けることを大切にしているのだろうと思われるかもしれません。

ところが、社長の黒川光博氏は「味というものは、時代によって変わるもの」「社員にも『味は変えていい』と言っている」というのです。

それは、伝統はもちろん大切にしながら、しかし一番大切なのは「今」だと考えているから。今どうあるべきか、どうすれば今、お店に来てお菓子を買ってくれるお客様に、美味しいと感じてもらえるかを大切にしている、というのです。

考えてみたら当たり前のことですが、私たちの生活様式は年々変化し、食生活もどんどん変わっています。

和菓子に合わせて飲む飲料も緑茶だけでなく、コーヒー、紅茶など様々な種類が考えられるわけです。そんな中、抹茶と緑茶だけのことを考えてようかんを作っていては、生き残れるはずがありませんよね。

また、私が個人的に社長さんと親しくさせていただいている「船橋屋」という会社があります。

こちらも創業してから２００年を超える老舗企業で、くず餅がとても有名な会社です。

船橋屋さんも虎屋さんと同様、新しいことにも果敢にチャレンジしており、「くず餅プリン」などの新しいスイーツの開発はもとより、くず餅乳酸菌を利用した健康食品なども開発し、今や医療機関からも注目されています。

先日は「カンブリア宮殿」(テレビ東京系)で取り上げられていました。

二つの会社に共通しているのは、企業の軸となる「理念」や「社訓」などは大切に守りながらも、変えるべきところは果敢にチャレンジして変えている、ということ。

そのような意識が活力となり、元氣に豊かで生き永らえる長寿企業たらしめている、と思うのです。

## 上手くいかない人が、やってしまいがちなこと

このことは当然個人でも同じです。

私たち一人ひとりも、**自分の軸を大切に守りながら、その軸に合わないことはドンドン変えていったほうがいいんです。**

実際に、そのようなチャレンジを実行している人の現実がいい方向に変わっていくのを、講座やセッションを通じて何人も見てきました。

だからこれが真理だと思うのです。

そして、これも確信を持って言えるのですが、結局、本当の自分の望みや氣持ちに嘘をつくことは、自己卑下することなのです。


本当はやってみたいことがある。

本当はもっと探求したいこともある。

でも、

「きっと無理に違いない」

「損するかもしれない」

「失敗したら恥をかく」

という「恐れと不安」に支配された思考で、本当の自分の想いや望みを押さえ込む。

「〜しなければならない」「〜するしかない」という、「不安と恐れ」が前提の行動をし続ける。

だから一向にいい方向に改善しないんです。

だって、結局自分を信じていない、ということになりますから。

つまり自己卑下なんです。

**自分で自分を卑下していたら、他人からも見下されるのが当たり前でしょう。**

だから、本当の自分の望み、氣持ちを裏切らないことが大事なのです。

## なぜか不幸な状態を手放せない人の心理とは？

本当の自分に従って生きる、ということを簡単にいえば「自分が幸せになる選択をする」ということになります。

**人生は選択の連続ですから、その選択の基準を、「本当の自分が望んでいること」にすれば、自動的に幸せになれます。**

まー、当たり前といえば、当たり前ですが。

でも、多くの人にとって、この「当たり前のこと」がとても難しかったりします。

なぜなら、「本当の自分が望んでいること」を選択すると、「本当の自分が望んでいないこと」を手放すことになるからです。


本当の自分が望んでいないことは、大抵「そうするほかない」「そうしなければならない」「そうすべきだ」という思考でやっていることです。

つまり、本当は望んでいないけど、本当は嫌だけど、仕方なしにやっている、ということですね。


**もちろん、本当は嫌だけど、仕方なしにやっている、ということをゼロにするのは不可能だと思います。**

「お風呂は嫌いだから年1回でいいや」、とか、「着替えが面倒なのでパジャマで会社行こう」なんてことは、この日本社会では難しいわけです。

そういう意味では、ある程度は必要ですが、そればかりだとあなた自身の幸せをないがしろにしている状態になってしまいます。

特に、その影響が大きく出るのが仕事での選択。仕事は、あなたの人生において多くの時間を占めますからね。

それだけではなく、仕事には名誉やお金（給料）もついてまわります。

そして、**それら名誉やお金（給料）が、仕事での選択を誤らせる原因です。**

仕事に関する選択を「本当は望んでいないし、嫌だけど、仕方なしにやっている」で選択し続けると、「不幸せな自分」を選択し続けることになります。

当たり前ですよね、だって「自分が望んでいない状態が続く＝不幸せ」ですから。

でも、大抵は、この不幸な状態を手放せません。

「一流企業に勤めている」
「やっとの思いで就職できた会社」
「給料がいい」
「皆にうらやましがられる」

などの理由があり、「今の仕事（会社）を辞めたらもったいない」という思考が働くからです。


もちろん、その氣持ちはよくわかります。

私も会社員時代は、世間的に見れば大手の一流企業で、給料の高い会社に勤めていましたから。

でも、なんです。

**本当の自分は「違う」と感じている、本当の自分はそれを嫌がっているというのに、その仕事をし続ける、もしくはその会社に居続けるというのは、完璧な自己卑下です。**

「一流企業だから」↓これ以上の企業への就職は無理
「給料がいいから」↓こんな給料もらうの難しい
「皆にうらやましがられるから」↓辞めたら見下される

つまり「自分はその程度なんだ」と自分で自分をそう意識しているので、そのような状態で確定しています。

だから、さらに「辛い」と感じる状態が続いていくのです。

そして、その状態を放っておくと、必ず現象の悪化が起こり、何らかの軌道修正を迫られるようになります。例えば、病氣になるなど。

でも、そうなる選択をしているのは他でもない自分自身です。

嫌だけど仕方がない、自分はそうしないとダメな存在なんだ、と自分で選択し続けた結果です。

そういう自分を意識してきたので、そうなった、というだけなのです。

反対に、**本当の自分の望みを自覚し、本当の自分が幸せを感じる方向に選択を修正していった人は、どんどん幸せになります。**

これも当たり前の話で、本当の自分が喜びや楽しさを感じること、つまり幸せを感じることを選択し続けたからです。

量子力学的にいえば、量子の位置と時間が「幸せ」で確定し続け、脳科学的にいえば、そのような「幸せ」をさらに脳が認識するようになるからです。

だから、幸せがどんどん増幅していきます。

## 歯を食いしばって頑張っても、結果がでないワケ

そして実際に、仕事や収入などが、「もっとこうなったらいいのに」という何らかの望みを多くの人が持っていたりします。

もちろん、私だってあります。

**そして「もっとこうなりたい!!」という望みが強ければ強いほど、今は望んでいない状態だったりします。**

なぜなら、今がすでに望ましい状態であるなら、そんなに望みに執着しないですよね。そういう意味で、私の場合は、すでに望ましい状態なので「もっとこうなったらいいよなー」という望みには執着していません。

「まー、そうなったらそうなったでいいけど、別にならなくてもいいやー」という感じです。

**それよりは、「どうすればもっと楽しくなるか」ということを、いつも考えています。**

だって楽しくない時間が長いよりも、楽しい時間が長いほうがいいですよね。それはイコール「楽しい人生」を生きていることになるからです。

そして、楽しい時間が長くなればなるほど、仕事、人間関係、お金の状況が改善していくという話を、今までたくさんしてきました。

ファッション通販サイト「ZOZOTOWN」はご存知ですよね。

このZOZOTOWNの創業者であり社長をされているのが前澤友作氏で、よくマスコミにも登場するので有名ですよね。

前澤氏は、反骨精神を持って常識をぶち壊すことを推奨され「社会のルールや常識に反発してみると、もっと人生が面白くなるはず」ということを語られています。

そして実際に、彼の経営観や仕事観もある意味常識外れで、

「楽しめば楽しむほど儲かる」

「売り上げを伸ばそうとか、利益を上げようとか、思ったことはありません。それよりも、楽しみながら働ける会社を作りたい」

「時計を氣にしながら仕事に取り組むのではなく、時間を忘れるほど楽しみながら知恵を絞るほうが良いものができます」

ということも語られています。

これは私も経験しているのでよくわかります。

逆に、「こうしなければ」、「こうすべき」という感じで頑張っている時に限って結果が出ない。

**自分の氣持ちを抑えて、「こうしなければ」と頑張っている時の前提の意識は、何度も言っていますが自己卑下だからです。**

反対に、楽しいことや、楽しむことに集中していれば、「楽しい、嬉しい」という自分の素直な氣持ちを尊重することになるので、さらに自分が尊重される現実が確定していく。つまり「楽しめば楽しむほど儲かる」という状況になるわけです。

## 幸運の扉は徐々にではなく突然開く

以前ラジオで、椎名林檎さんが師匠と崇《あが》める音楽プロデューサー亀田誠治氏が音楽業界に入りたての頃の話をされていました。

内容は確かこんな感じです。

学生時代、就職活動をせず、ひたすら作曲に没頭し、デモテープを作ってはレコード会社に送るという毎日を過ごしていたという亀田氏。

自分が作った曲で仲間のデビューが決まっても、デビュー曲の作曲やアレンジはプロが担当なんてこともありました。

デビューの目途《めど》がまったく立たない状態が長く続いたそうですが、スタジオに通って勉強させてもらっていたそうです。

すると、「これやってみない」と少しずつ声をかけてもらえるようになり、ある日突然アイドルグループへの楽曲提供の話が舞い込み、編曲など全てを手がけることに。

まさに突然扉が開いた感じで、そこからプロの音楽家への道が開けていった――確かこんな内容のお話だったと記憶しています。


で、この亀田氏の話を聞いていて、私は、「やっぱりそうだよね～」なんて思いました。

何を「やっぱり」と思ったかというと、**「素の自分が喜ぶことをひたすら続けていたら、突然道が開けていく」**ということです。

つまり突然良い状態が引き寄せられてきた、ということですね。

何度もいいますが「自分の氣持ちを裏切らず、自分が喜ぶことをやる」ということは最高の自己尊重です。

自分を尊重する意識状態でいれば、量子の位置と時間が「自己尊重」で確定し続けます。

あなたの意識が、あなた自身を尊重する意識状態であればあるほど、量子の位置と時間もその状態に合わせて偏って確定し続けることになるわけです。

それはつまり、あなたが尊重される状態で量子の状態が確定し続けていく、ということです。

そして、その連続が結果的に「自分にとって望ましい状態が引き寄せられた」ということになるわけです。

**ただ、自分にとって望ましい状態がすぐに引き寄せられるのかというと、一概にそうともいえません。**

亀田氏のようにある程度の時間がかかる場合もあるのです。

## 二つの変化のパターン

実は、新しいことに取り組み始めることにより起こる変化のパターンは2種類しかありません。

それは、「最初に大きな変化が起きるが、しばらくすると頭打ちになる」というパターンと、「最初は変化に乏しいが、ある一点から急激に変化する」というパターンです。

なんの根拠もなくこんなことをいっているわけではありません。

これらの変化にはきちんとした数学的モデルがあります。

そのモデルが、「対数的変化」と「指数関数的変化」です。

対数的変化のグラフを見てください。

このグラフの縦軸が「変化の量」で、横軸が「時間」です。

見ての通り、最初の段階で大きく変化していますが、しばらくすると変化が緩やかになっていますよね。

このような変化のパターンを「対数的変化」といいます。

指数関数的変化のグラフを見てください。

さっきのグラフとは逆で、最初の変化は緩やかですが、ある一点を境に急激に変化

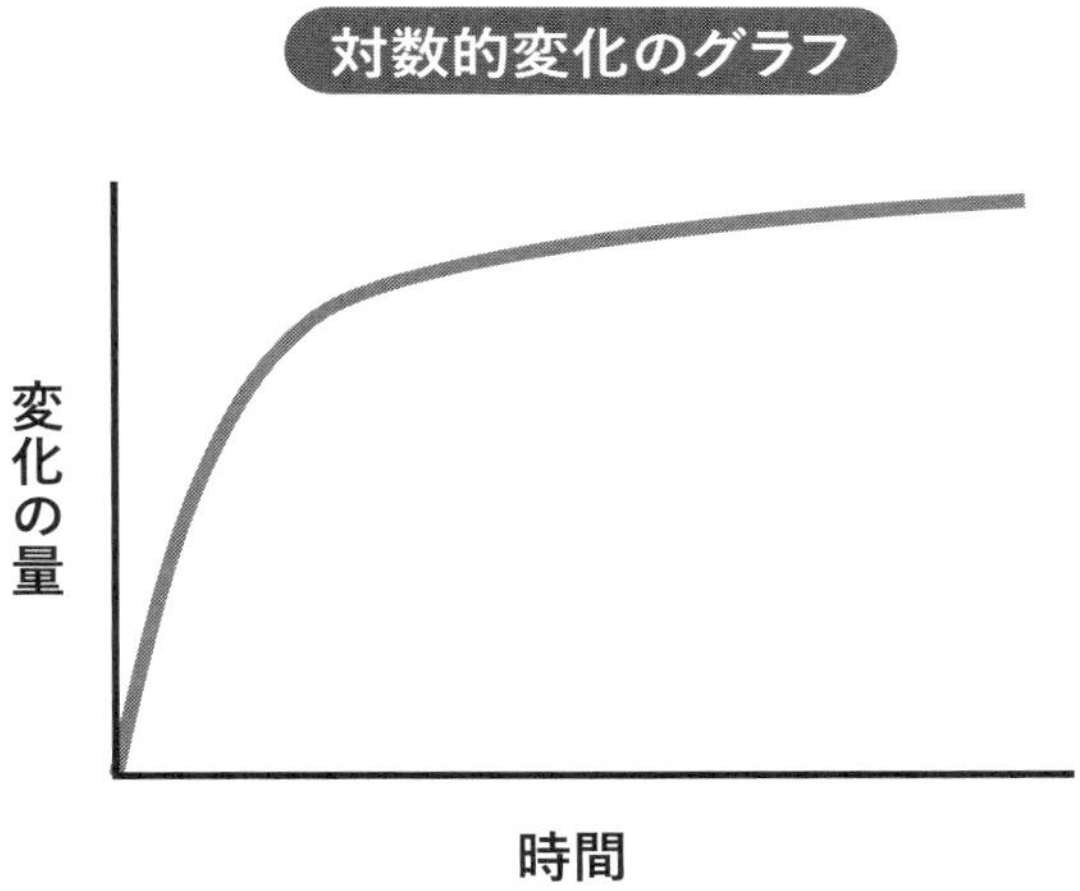
対数的変化のグラフ
変化の量
時間

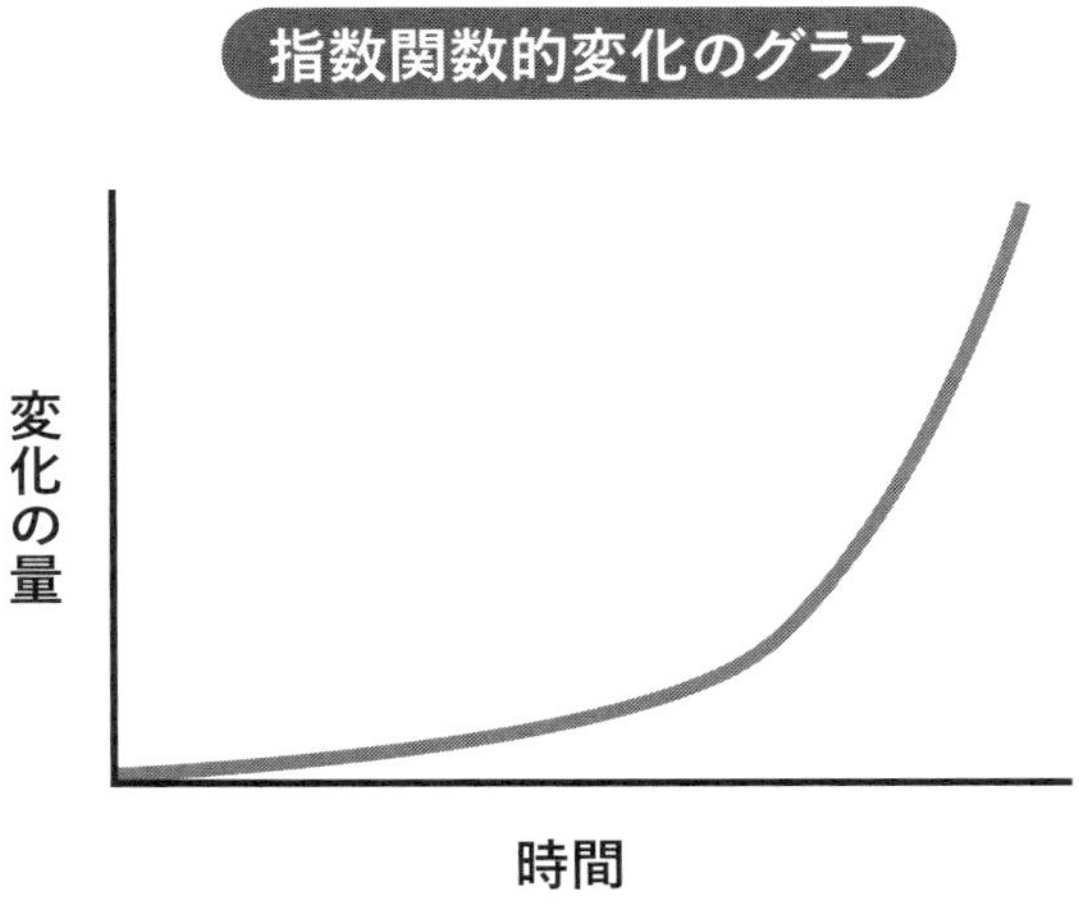
指数関数的変化のグラフ
変化の量
時間

しています。

このような変化のパターンを「指数関数的変化」といいます。

先ほども申し上げた通り、変化のパターンは必ずこのどちらかになります。

亀田氏の場合は「指数関数的変化」です。最初はなかなか変化しなかったけれども、ある時点から急激に変化し始めました。

**実は、このような「指数関数的変化」が起こるパターンは、そもそも自分がコントロールできる領域が狭い（少ない）場合が多いのです。**

例えば、立ち上げてすぐのビジネスとかブログのアクセス数がそうですし、伝染病の広がりなどもこれに当たります。

当初は変化に乏しいのですが、あることをきっかけに急激に変化が起こり、その変化が起こり始めるポイントを臨界点、またはティッピングポイントなどといいます。

亀田氏の場合はアイドルへの楽曲提供がそのティッピングポイントに当たり、そこから急激に変化していったわけです。

**それに対して「対数的変化」が起こりやすいパターンは、自分がコントロールできる領域が広く（多く）、なおかつ実際にそれらの多くを変化させた時です。**

例えば、ダイエットがそれに当たります。ダイエットであれば食事の質や量を変える、運動の量を増やす、それら全てはあなた自身でコントロールできることであり、実際にそれに取り組み始めると体重が落ちるとか、体脂肪率が下がるなどの変化がすぐにでも起こるわけです。

でもある程度のレベルまで行くとその変化は急激に鈍ります。

まさに「対数的変化」のパターンです。

いずれにしても大事なことは、本当の自分が喜ぶことをし続けることです。

「そうでもしないと」「そうせざるを得ない」「そうするべき」なんてことばかりだと、なかなか状況は改善しません。

なぜなら、そのような行動の前提の意識は間違いなく自己卑下だからです。

つまり、自分自身が卑下されるような状態に量子の状態も確定し続けることになるわけです。

そのような行動をゼロにすることは無理にしても、なるべく減らしていき、本当のあなたが喜ぶ行動を増やしていく。すると、対数的変化か指数関数的変化が必ず起こります。

**指数関数的変化のパターンは、最初にあまり変化が感じられないので要注意です。**

「やっぱダメだー」なんてやめてしまったら元の木阿弥《もくあみ》です。

そうならないためには、あなたがあなた自身を信じて、あなたが喜ぶことをやり続ける――あなたがあなた自身を信じることが、臨界点（ティッピングポイント）の訪れを早めることになります。

あなた自身が「私は大丈夫」と信じて、あなた自身が喜ぶことに取り組み続ければ、扉は突然開いていくのです。

# おわりに

最後までお読みいただきありがとうございました。

私は引き寄せの法則を「量子論」と「脳科学」の切り口で考えて、試行錯誤しながら実践し、効果があると確信したものを講座やセッションなどを通じて、受講者の方に提供していますが、伝えている内容の本質はいたってシンプルです。

それは、「本当の自分で生きれば、誰でも自動的に上手くいく」ということです。

つまり、本当の自分の感覚や感性をないがしろにせず、あなたが充実感や喜び、楽しさを感じることを理屈抜きで素直にやっていけば、それが思いもよらない形で幸運やお金を引き寄せるのです。

私も職業柄、様々な方の本を読んだりしますが、脳科学者、心理カウンセラー、経営コンサルタント……、多くの方たちが、本当の自分で生きることや、感性、感覚の大切さを説くようになってきていると感じます。

つまり、アプローチは違っても、皆ほぼ同じところにたどり着いているわけです。

ですので、ちょっと大げさにいえば、これが宇宙の真理だと思います。

あとはあなたがそれを信じて実践するかどうか。

もちろん私のやり方がベストとは限りませんし、もっとあなたにあったやり方があるかもしれません。ただ、あなたが本書を手に取り、ここまで読んでいることも、きっとそこに何らかのご縁があるからだと思います。そのご縁を無駄にしないためにも、まずは本書の内容を実践いただけたらと思います。

何事にもいえますが、知っているだけではダメで、実践することで初めて身につきます。つまり体得できるのです。実践が何よりも大事で、そして、実践すればするほど何らかの良い変化が必ず起こり始めます。

この本をお読みになり、実践されたあなたが、より自分らしく、幸せで、豊かな人生を謳歌されることを確信しています。

小森圭太

# 参考書籍、動画、セミナー等

■「開華セミナー」一般社団法人 開華

■『奇跡の脳―脳科学者の脳が壊れたとき』ジル・ボルト・テイラー（著）、竹内薫（訳）、新潮文庫

■The new era of positive psychology：Martin Seligman（2004）・ＴＥＤプレゼンテーション
〈https://www.ted.com/talks/martin_seligman_on_the_state_of_psychology〉

■Bob Berman, Robert Lanza *Biocentrism: How Life and Consciousness are the Keys to Understanding the True Nature of the Universe*：BenBella Books,2009.

■『フィールド 響き合う生命・意識・宇宙』リン・マクタガート（著）、野中浩一（訳）、河出書房新社

■『量子論から科学する「見えない心の世界」』岸根卓郎、ＰＨＰ研究所

■『世界の大富豪が実践している成功の哲学』桑原晃弥、ＰＨＰ研究所

■『地球と人類46億年の謎を楽しむ本』日本博学倶楽部、ＰＨＰ研究所

〈著者紹介〉
**小森圭太**（こもり・けいた）
インセティック株式会社　代表取締役
京セラ本社広報宣伝部、仏系大手製薬会社などで長く国内外の広報、宣伝業務を担当していたが、「このまま会社員を続けていたら死ぬときにきっと後悔する」との想いから独立を決意。
独立後、コーチングを学び、経営者や営業マンのコーチングサービスを始めるも、営業や売り上げなどの数字を目標にすることに違和感を覚え、「人間が本来求めていることは何なのか?」という探求を始める。同時期に「引き寄せの法則」に出合い、直感的に「量子論と関係があるかもしれない」と感じ、独自に量子論や脳科学の勉強を始める。
その後、試行錯誤しながら独自のメソッドを構築し、同時に無料モニターなどを通じてさらにメソッドの精緻化を進める。現在は量子論と脳科学の解釈をベースにした、独自の「量子論的引き寄せ理論」を構築し、セッションや講座で提供している。
初の著書『科学的 潜在意識の書きかえ方』（光文社）が発売1カ月半で4刷と好評を得る。本書が2冊目の著書に当たる。

▶ ブログ「量子論と脳科学ベースの引き寄せ理論」
https://ameblo.jp/inthetic
▶ ホームページ「量子論と脳科学をベースにした引き寄せメソッド」
http://inthetic.com/
▶ ツイッター「量子論的引き寄せの法則」
https://twitter.com/inthetic

**科学的「お金」と「幸運」の引き寄せ方**

2019年4月1日　第1版第1刷発行

著　者　小森圭太
発行者　後藤淳一
発行所　株式会社ＰＨＰ研究所
東京本部　〒135-8137　江東区豊洲5-6-52
CVS制作部　☎03-3520-9658（編集）
普及部　☎03-3520-9630（販売）
京都本部　〒601-8411　京都市南区西九条北ノ内町11
PHP INTERFACE　https://www.php.co.jp/
印刷所　図書印刷株式会社
製本所　東京美術紙工協業組合


ISBN978-4-569-84272-1